Sigrid Engelbrecht

Loslassen und Loslegen

Sigrid Engelbrecht

Loslassen und Loslegen

7 Meilensteine
zur erfolgreichen Veränderung

KREUZ

MIX
Papier aus verantwor-
tungsvollen Quellen
FSC® C106847

© KREUZ VERLAG
in der Verlag Herder GmbH, Freiburg im Breisgau 2013
Alle Rechte vorbehalten
www.kreuz-verlag.de

Umschlaggestaltung: Vogelsang Design
Umschlagmotive: © ecco/©Aleksandr Kurganov/
© M. R. Swadzba – Fotolia.com
Autorenfoto: © ART & PHOTO URBSCHAT, Berlin

Satz: de·te·pe, Aalen
Herstellung: fgb · freiburger graphische betriebe
www.fgb.de

Printed in Germany

ISBN 978-3-451-61146-9

Inhalt

Vorwort	9
Meilenstein 1: Festhalten oder loslassen?	13
Was tun, wenn sich das Leben nicht ans Drehbuch hält?	13
Das »Warteschleifen-Syndrom« oder »Irgendwann einmal werde ich …«	16
Zwischenbilanz: Wo stehen Sie?	20
Selbsttest Lebenszufriedenheit	22
Die Zeichen erkennen	28
Schneller Schnappschuss: Was charakterisiert Ihr Leben?	30
Warum wir so lange verharren – obwohl wir es besser wissen	33
Der richtige Platz kann viele Gesichter haben	38
Meilenstein 2: Was Ihre Einzigartigkeit ausmacht	45
Wie sehen Sie sich selbst? Wie würden Sie sich gerne sehen?	45
Wie sehen andere Sie?	49
Womit beschäftigen Sie sich am liebsten?	52
Konstruktiver Umgang mit den eigenen Schwächen	54
Alte Stärken – neue Stärken: Ihr Stärken-Portfolio	56
Meilenstein 3: Auf der Spur der Lebensträume	59
In eine neue Richtung denken: Jetzt!	59

»Goldene Momente« lokalisieren — 61
Das Prinzip Wunderlampe: Was würde ich
in meinem Leben anfangen, wenn … — 66
Was uns zum Erblühen bringt — 72
Erkennen, was dem eigenen Wesen entspricht — 77
Die 10-Punkte-Wunschliste — 87

Meilenstein 4: Neue Ziele, neue Wege — 89

Ziele gibt es in allen Größenordnungen — 90
Das Ziel muss es wert sein — 93
Wie aus einem Traum ein Ziel wird — 96
Ziele SMART definieren — 98
Risiken, Einwände und Hindernisse — 100
Nie ohne Plan B — 107

Meilenstein 5: Die Entscheidung — 109

Der Weg über den Rubikon — 109
Love it – Change it – Leave it und der kartesische
Fragensatz — 113
Das Umfeld mitbedenken — 117
Entscheidungsfaktoren gewichten — 119
Klare Abschiede: Die Kunst des Loslassens — 121

Meilenstein 6: Schritt für Schritt zum Ziel — 126

Vom Denken zum Tun — 126
Vorbilder zeigen, was möglich ist — 129
Erweitern Sie Ihr Wissen und Können — 133
Das persönliche Logbuch — 137
Wie Sie Fehler als Lernschritte werten — 140
Würdigen, was Sie erreicht haben — 143

**Meilenstein 7: Kraftquellen und Ressourcen
auf dem Weg**   145

Welche Aktivitäten sind kraftspendend,
welche kraftzehrend?   145
Die Kunst, Erfahrungen ihren Sinn abzugewinnen   148
Wie Sie sich selbst unterstützen können   149
Wer Ihnen guttut   152
Wie Sie sich immer wieder neu motivieren können   155

Literatur- und Linkempfehlungen   159

Wegweiser zu den Übungen   160

Vorwort

»Ihre Zeit ist begrenzt! Vergeuden Sie nicht Ihre Zeit damit, dass Sie das Leben eines anderen leben«, sagte Steve Jobs anlässlich einer Abschlussfeier an der Stanford University im Jahr 2005.

Wohl jeder möchte ein erfülltes Leben führen und am Ende etwas sagen können wie: »Mein Leben war schön und voller bewegender Momente, ich bereue nichts und ich vermisse nichts. Es war gut, so wie es war.«

Viele warten allzu lang damit, ihren Wünschen und Anliegen den Platz im Leben zu geben, den es braucht, um sich entfalten zu können. Spät wird ihnen bewusst, dass vieles, was sie bislang für wichtig hielten, letztlich unwichtig war und anderes, dem sie wenig Bedeutung beigemessen haben, umso wichtiger gewesen wäre. Es schmerzt, wenn man erkennen muss, dass man ein Leben nach den Fahrplänen anderer geführt hat und nicht zum Eigentlichen gekommen ist, dem, was man irgendwann einmal für sich selbst als gut und richtig erkannt hatte.

Manchmal ist der Frust offensichtlich, der den Hinweis gibt, irgendwie »falsch« platziert zu sein. Doch es kann auch ein leise nagendes Gefühl der Unzufriedenheit sein oder der Körper, der mit Symptomen wie Kopfschmerzen, Übelkeit oder Kreislaufstörungen darauf hinweist, dass etwas falsch läuft. Und einem sagt, dass das Leben, so wie man es führt, deswegen so belastet ist, weil es eigentlich überhaupt nicht dem entspricht, was man wünschte und wollte, und dass es zum »Leben eines anderen« geworden ist.

Im Alltag scheinen wir von Sachzwängen förmlich umzingelt zu sein: Die Lage am Arbeitsmarkt lässt häufig kaum eine Wahl, geschweige denn eine gute Wahl zu. Man nimmt, was man kriegen kann, denkt vielleicht: »Das ist ja nur vorübergehend«, doch irgendwann hat man sich mit den Gegebenheiten arrangiert und schießt die eigenen Träume und Wünsche in den Wind. Resigniert. Gibt auf. Macht Dienst nach Vorschrift. Hat sich innerlich schon verabschiedet. Es sei denn – man steuert gegen, sobald einem klar ist, dass man an dem Platz, an dem man ist, nicht glücklich wird ...

Das Gefühl, irgendwie »falsch« zu sein, ist natürlich nicht nur eine Frage des Arbeitsplatzes oder der Position, die man dort einnimmt. Für manch einen ist der Arbeitsalltag so, wie er ist, im Großen und Ganzen gut handhabbar – und trotzdem fehlt die Zufriedenheit. Irgendetwas scheint zu fehlen oder scheint mehr zu belasten, als man es sich zugesteht. Das Gefühl, »im falschen Film zu sein«, kann sich auch auf den zwischenmenschlichen Bereich beziehen. Eine Partnerschaft, die schon lange diesen Namen nicht mehr verdient, Kontakte, die einem nicht wirklich etwas geben ... Oder eine Umgebung, in der man sich nicht erholen und entfalten kann ... Es gibt vieles, was dazu beiträgt, sich fehl am Platz zu fühlen, zu sehen, dass Wichtiges nicht realisiert und etliches versäumt wurde, anderes wiederum sich in der täglichen Routine abgenutzt hat.

Insbesondere Geburtstage oder Jahreswechsel werden oft zum Anlass, über das eigene Leben nachzudenken und sich zu fragen, ob man den Weg, den man eingeschlagen hat, tatsächlich weitergehen will.

Eines ist klar: Dieses Gefühl, »falsch« zu sein, wäre nicht da, hätte man nicht tief in sich selbst eine Vorstellung davon, wie ein glückliches Leben aussehen könnte. Und was notwendig ist, um das, was da in einem schlummert, auch verwirklichen zu können.

Die sieben Meilensteine zur erfolgreichen Veränderung markieren Ihren Weg: Auf diesem kommen Sie versteckten

Unzufriedenheiten auf die Spur und den tiefer liegenden Gründen dafür. Sie werden entdecken, wo Ihre verborgenen persönlichen Potenziale liegen, und für sich entscheiden, wie Sie diese zukünftig nutzen und entfalten werden.

Anhand von Fallbeispielen, praktischen Übungen und Tipps vertiefen Sie die Kenntnis Ihrer inneren Muster und lernen Sie Schritt für Schritt, sie behutsam zu verändern – weg vom Gefühl der Fremdbestimmung und hin zum Entdecken und Umsetzen der eigenen Möglichkeiten.

Ich wünsche Ihnen viel Erfolg auf Ihrem neuen Weg.

Ihre
Sigrid Engelbrecht

Meilenstein 1:
Festhalten oder loslassen?

Am Beginn unserer Reise zu neuen Wegen und Zielen erhalten Sie einen Einblick in die Folgen des allgegenwärtigen Entscheidungsdrucks und machen Bekanntschaft mit dem »Warteschleifen-Syndrom«, das uns oft davon abhält, zu unserem eigenen Besten aktiv zu werden. Eine Zwischenbilanz über den bisherigen Werdegang zu ziehen hilft dabei, das Charakteristische Ihrer Situation klarer zu erkennen. Dabei kommen Sie den Widersprüchen auf die Spur zwischen dem, was Sie wollten oder aktuell wollen, und dem, was nicht in Ihrem Sinne läuft. Nachdem Sie Ihre Zufriedenheits- und Unzufriedenheitszonen aufgedeckt haben, erkennen Sie deutlicher, wo es »klemmt« und wo es besonders wichtig ist, neue Lösungen zu finden.

Was tun, wenn sich das Leben nicht ans Drehbuch hält?

Von früh an werden wir schon mit einer überwältigenden Vielfalt an Möglichkeiten konfrontiert, das eigene Leben zu gestalten, sodass die Qual der Wahl uns ständig fordert – und manchmal auch überfordert. Dabei haben wir Glück, überhaupt so viele Gestaltungsmöglichkeiten zu haben. Frühere Generationen hätten die meisten unserer heutigen Biografien schon für ungewöhnliche Glücksfälle gehalten: ein Job, mit dem man klarkommt und der einen nicht körperlich schindet, eine halbwegs gesunde Familie, Zeit für Hobbys, Fernsehen, Weiterbildung und die Erfüllung vieler materieller Wünsche.

Und noch nie zuvor in der Geschichte gab es so viele verschiedene Wege, was Ausbildungen und mögliche Berufe angeht. Doch die große Zahl der Wahlmöglichkeiten hat unser Leben zwar bereichert, aber nicht unbedingt einfacher gemacht, denn in diesem Dickicht können wir uns rasch verirren. Was ist richtig, was ist falsch? Was liegt mir, was liegt mir nicht? Wo habe ich Entwicklungs- und Karrierechancen und wo nicht?

Was genau läuft im Hier und Heute eigentlich falsch, sodass wir nicht so zufrieden mit uns und unserem Leben sind, wie wir sein könnten?

Vielleicht sahen unsere Vorstellungen von einem guten Leben einmal ganz anders aus. Vielleicht hat uns unerwartet etwas aus der Bahn geworfen, wodurch wir uns von einem Zukunftstraum verabschieden mussten, der uns besonders am Herzen lag. Oder wir haben Entscheidungen getroffen, die uns gut und sinnvoll erschienen, mit denen wir aber jetzt nicht mehr glücklich sind. Vielleicht hat sich das Leben einfach nicht an das ihm zugedachte Drehbuch gehalten. Auf einmal haben sich Begegnungen, Ereignisse und Szenen eingeschlichen, die wir so auf keinen Fall haben wollten.

Oder wir hatten gar kein Drehbuch, wussten nicht so recht, was wir eigentlich wollten, und griffen zum nächstbesten, das des Weges kam. Ließen uns etwa von anderen erklären, was gut für uns wäre, und ignorierten unser Bauchgefühl, das Bedenken signalisierte. Wenn andere für uns entscheiden, können wir zudem der Selbstverantwortung elegant aus dem Weg gehen. Wir wissen dann ja immer genau, wer schuld ist, wenn etwas schief geht.

Gerade in einer frühen Lebensphase, in der die Gedanken an Zukünftiges sich meist auf die nächsten Monate beschränken, ist festzulegen, welcher berufliche Weg eingeschlagen werden soll. Das kann überfordern. Die Erwartungen der Eltern spielen eine Rolle, das Ansehen in der Clique, Notendurchschnitt und Zeugnis und oftmals auch die Situation auf dem Ausbildungsmarkt, die Wünschen und Träumen Grenzen setzt. Und so hat die Berufswahl oft wenig mit den eigenen Wünschen und Bedürfnissen zu tun. Das Problem bei halbherzigen Entscheidungen ist jedoch, dass sie auf Dauer selten zu Glück oder zu Erfolg führen.

Stärker als durch andere Einflussfaktoren wird unser Leben von den Entscheidungen geprägt, die wir treffen. Unter der Vielzahl möglicher Lebensentwürfe wählten wir vielleicht denjenigen, der uns am leichtesten zu realisieren oder auch am wenigsten risikoreich erschien. Manch einer ist so an einem anderen Platz gelandet, als irgendwann einmal erträumt – und hat sich gut darin eingerichtet. Denn zumeist gab und gibt es nicht nur eine einzige Option für uns, sondern wir bringen für ganz unterschiedliche Tätigkeiten entsprechende Gaben und Fähigkeiten mit. Wir sind anpassungs- und wandlungsfähig und können diese Kompetenzen in unterschiedlichen Arbeitsfeldern einbringen. Und so lassen wir einen alten Traum ziehen, weil wir neue Möglichkeiten für uns gefunden haben, und das ist völlig in Ordnung.

Doch manchmal hat die Wahl auch in eine Sackgasse geführt. Wenn wir uns als Menschen in Lebensentwürfen einrichten, die überhaupt nicht dem entsprechen, was wir eigentlich für uns selbst als stimmig und richtig empfinden, kann uns dies auf Dauer deprimieren und erschöpfen. Der scheinbar bequemere Weg ist auf einmal gar nicht mehr bequem, sondern wird zu einer Last. Dann bedrückt es, die eigenen Potenziale nicht ausschöpfen zu können und das, was man einst wollte, aus den Augen verloren zu haben. Wir sind uns selbst fremd geworden, spüren, dass wir nicht die sind, die wir »eigentlich« sein wollten und sein könnten.

Häufige schlechte Laune, viele Misserfolgserlebnisse, Langeweile und Überdruss, unterschwellige Gereiztheit und auch bei nichtigen Anlässen rasch aufflammender Ärger sind typische Phänomene, die häufig im Schlepptau einer chronischen Unzufriedenheit auftreten. Und ständig drängt sich die Frage auf: Was soll das hier überhaupt, was tue ich eigentlich hier?

Wenn Sie sich auf Dauer mit Dingen beschäftigen, die nicht Ihren Neigungen, Talenten und Fähigkeiten entsprechen, dann sind Stress, Ärger und Verdruss vorprogrammiert. Wer beispielsweise eher zahlen- und faktenorientiert ist, fühlt sich bei einer Tätigkeit im Verkauf eher unwohl, denn hier sind kommunikative Fähigkeiten gefordert. Ein kreativer Geist leidet in Umgebungen, wo es auf Logik und Einhalten von Regeln ankommt, ein Kommunikationsfreudiger verzweifelt, wenn er im stillen Kämmerlein seine Tage isoliert von anderen verbringen muss. Kann man wesentlichen Vorlieben und Neigungen bei der täglichen Arbeit keinen Ausdruck geben, dann schafft dies Verdruss – und der lässt sich auch nicht einfach mit einer positiveren Sicht auf die Dinge aus der Welt schaffen. Etwas Wesentliches bleibt ungelebt – und will doch gesehen werden!

Das »Warteschleifen-Syndrom« oder: »Irgendwann einmal werde ich ...«

Sie möchten gerne etwas in Ihrem Leben anders als bisher gestalten und suchen nach Ideen und Wegen, wie Sie das am besten anstellen. Wovon träumen Sie? Ein gemütliches Zuhause, eine glückliche Familie, eine Arbeit, die mehr ist als nur irgendein Job: Was genau brauchen Sie, um sich erfüllt und zufrieden zu fühlen? Und was genau fehlt Ihnen dazu?

Meist ist massive Unzufriedenheit mit der momentanen Situation der Grund dafür, etwas verändern zu wollen, manchmal auch ein immer wieder aufflackerndes unterschwelliges Unbehagen. Aber meist schieben wir die Auseinandersetzung mit dem, was da drückt und quält, vor uns her – aus Angst vor den Konsequenzen, finden alle möglichen Begründungen dafür, weshalb wir jetzt ausharren müssen, statt aktiv zu werden.

»Wenn erst einmal das Haus abbezahlt ist …«, »Wenn die Kinder groß sind …«, »Wenn der Stress im Job nicht mehr so schlimm ist …«, »Wenn ich zehn Kilo abgenommen habe …«

Wenn …, dann … – und *erst* dann. Dann kann ich endlich glücklich sein. Aber ist es sinnvoll, so zu denken?

Sicherlich, Vorfreude ist eine besonders schöne Freude. Wenn wir uns auf etwas freuen, fühlen wir uns beschwingt und beflügelt. Das bezieht sich auf Ereignisse, die wir uns in der Fantasie ausmalen und wo absehbar ist, wann sie tatsächlich eintreffen werden. Ganz anders, wenn wir unser Glück und Wohlbefinden an weit in der Zukunft liegende Ereignisse knüpfen, die eintreten – oder auch nicht. Die Erfüllung unserer Sehnsucht scheint nicht näher zu rücken, ja, sie scheint sich im Gegenteil immer weiter von uns zu entfernen und wir werden uns schmerzlich der stetig vergehenden Zeit bewusst. Doch müssen erst lange Jahre vergehen, bevor wir zu dem kommen, was wir uns wünschen und ersehnen? Und was machen wir in der Zwischenzeit?

Menschen, die ihr Leben voll ausschöpfen, ihre Träume verwirklichen und das Beste aus dem machen, was sie an Rahmenbedingungen für ihr Leben vorfinden, sind nicht einfach nur besondere Glückspilze. Das Geheimnis, warum sie ein zufriedenes Leben führen, liegt darin, dass sie ihre Bedürfnisse ernst nehmen und sich für ihr Dasein, ihre Gesundheit, ihr Glück und die Erfüllung ihrer Wünsche selbst in der Verantwortung sehen, statt immer neue Gründe dafür heranzuziehen, warum etwas nicht geht. Sie stellen sich Fragen wie »Was ist mir wichtig?«, »Worauf kommt es mir besonders an?«, »Was kann ich *tun*, um dem, was mich glücklich macht, näherzukommen?« Vielleicht haben Sie sich solche Fragen schon lange nicht mehr gestellt, waren so sehr damit beschäftigt, zu funktionieren, es anderen recht zu machen und nach deren Vorstellungen zu leben, dass Sie sich und Ihre Bedürfnisse aus den Augen verloren haben.

Dies gilt umso mehr, wenn uns bewusst wird, dass die vor uns liegende Zeit sich nicht endlos ausdehnt, sondern unsere Lebensspanne begrenzt ist. Wenn wir merken, dass wir nicht mehr, so wie es uns lange schien, zahllose Optionen haben, mit denen wir unser Leben gestalten können, sondern gut daran täten, uns auf das Wesentliche zu konzentrieren. Und doch scheuen wir uns oft vor den Konsequenzen, die eine solche Erkenntnis nach sich zieht, denn dann gilt es, Schnitte zu machen, sich von Dingen, Tätigkeiten und auch von Menschen zu trennen, die nicht guttun, und sich neu zu orientieren.

Wenn wir nicht in der richtigen Richtung unterwegs sind, erleben wir das als deprimierend und innerlich lähmend. Egal, ob wir selbst eine unpassende Wahl getroffen haben oder andere für uns haben entscheiden lassen: Nun stecken wir in einer unbefriedigenden Situation fest. Haben vielleicht einen langweiligen Beruf gewählt, uns für ein Häuschen am Stadtrand verschuldet oder einen Partner gewählt, der nicht zu uns passt. Vielleicht folgen wir dann dem inneren Diktat: »Was ich einmal angefangen habe, muss ich auch zu Ende bringen« oder hoffen darauf, dass »sich irgendwann alles wenden wird«. Wir knüpfen dies an die wohlbekannten Vorbedingungen: »Wenn erst …, dann …«

Oder wir ergeben uns in das, was wir für unser Schicksal halten, und trauen uns keinen Aufbruch zu etwas anderem zu, verharren mutlos und verzagt im Status quo. Ab und zu bahnt sich dann der Unmut einen Weg, dann sind wir unzufrieden, reagieren auf Ansinnen anderer frustriert oder gereizt. Danach verstehen wir uns selber nicht, warum wir bei jedem noch so banalen Anlass so aus der Haut fahren. Und verfallen wieder ins geduldige Ertragen – bis zum nächsten Mal. Solche Unlust-Schleifen sind vielen vertraut. Parallel dazu wächst die Befürchtung, vielleicht etwas sehr

Wichtiges unwiederbringlich verpasst zu haben, und man sieht Monat für Monat und Jahr für Jahr die Zeit ins Land ziehen. Irgendetwas müsste sich tun, eine Chance, ein Impuls, ein Wink des Himmels ... Aber von woher soll es einem einfach so zufliegen? Tatsächlich gibt es solche unverhofften Gelegenheiten. Doch völlig untätig einfach nur darauf zu warten, dass »irgendetwas« die Wende bringen wird, ist nicht zu empfehlen: Aus Jahren passiven Wartens können leicht auch Jahrzehnte werden. Denn während wir uns Hoffnungen machen, machen wir in der Regel nichts anderes. Wer lediglich hofft, handelt nicht.

Zudem: Wenn die Chance zur Veränderung sich dann – irgendwann – tatsächlich böte: Hätten wir dann nach Jahren der Inaktivität Mut genug, sie zu nutzen? Oder hätten wir uns nicht in der Zwischenzeit mehr und mehr unserem Schicksal ergeben, uns angepasst und versucht, nicht an die verstreichende Zeit zu denken? Darüber ließe sich lange spekulieren und grübeln. Besser als alle Spekulation und Grübelei ist es jedoch, aktiv zu werden.

Wenn Sie herausfinden möchten, worum es Ihnen wirklich im Leben geht, kommen Sie nicht drum herum, sich Zeit zu nehmen, sich mit sich selbst und den eigenen Wünschen und Vorstellungen zu beschäftigen. Dabei ist es zunächst wichtig, sich über zwei einfache Dinge klarer zu werden:
- Wo stehe ich jetzt?
- Wo will ich hin?

Sich zu vergegenwärtigen, was die persönliche Situation kennzeichnet, und dies zum Ausgangspunkt für künftige Veränderungen zu machen beendet das fruchtlose »Nachkarten« im Stile von »Wenn dieses und jenes in meinem Leben anders gelaufen wäre, dann könnte ich ...« Stattdessen nehmen Sie wahr, was ist.

Der ersten Frage, »Wo stehe ich jetzt?«, sind die nachfolgenden Abschnitte gewidmet; die zweite Frage, »Wo will ich hin?«, greifen wir im 4. Kapitel wieder auf.

Zwischenbilanz: Wo stehen Sie?

Verschaffen Sie sich einen Überblick darüber, wie zufrieden Sie mit Ihrem jetzigen Leben sind. Wie würden Sie die folgenden Lebensaspekte auf einer Skala von 1 bis 10 bewerten (10 = vollste Zufriedenheit, 1 = zutiefst unzufrieden)? Treffen Sie Ihre Wahl intuitiv und ohne zu zögern, ohne langes Nachdenken. Es geht hier nicht um eine verstandesmäßige Abwägung, sondern rein um Ihr Gefühl.

Bisheriger Werdegang
1....................... 10

Berufliches Tätigkeitsfeld
1....................... 10

Betriebsklima
1....................... 10

Karriereaussichten
1....................... 10

Finanzen
1....................... 10

Partnerschaft
1....................... 10

Familie, Kinder
1....................... 10

Freundschaften
1....................... 10

Wohnen, Umfeld
1....................... 10

Eigene Attraktivität
1....................... 10

Freizeit und Hobby
1.. 10

Gesundheit
1.. 10

Bildung, Weiterbildung
1.. 10

Spiritualität
1.. 10

Wie sieht es aus? Wahrscheinlich haben Sie bei den einzelnen Aspekten unterschiedlich gewertet. Ziel ist nun nicht, überall einen Skalenwert von 10 zu erreichen, sondern in den Bereichen, die Ihnen besonders wichtig sind, auf der Skala zu punkten. Wenn Sie beispielsweise Ihr Tätigkeitsfeld sehr interessant finden (gefühlter Skalenwert 9), Sie jedoch wenig Aufstiegsmöglichkeiten sehen (gefühlter Skalenwert 4), Karriere aber für Sie keine maßgebliche Bedeutung hat, dann können Sie mit dem gefühlten Skalenwert auch gut leben. Ganz anders, wenn Sie der Karriere einen hohen Wert beimessen: Dann würde es eine große Rolle für Ihre Lebenszufriedenheit spielen, wenn Sie den Eindruck haben, in Ihrem Job nicht vom Fleck zu kommen.

Bringen Sie also die 14 aufgeführten Lebensaspekte in die für Sie stimmige Reihenfolge. Was ist Ihnen am wichtigsten? Was am zweitwichtigsten? Und was sind die Aspekte, die Sie in die hinteren Ränge verweisen, die für Sie weniger Bedeutung haben?

Richten Sie sich beim Festlegen Ihrer Prioritäten wieder nach Ihrem Gefühl, nicht danach, was Ihnen nach Meinung anderer am wichtigsten sein »sollte«.

Betrachten Sie nun die obersten fünf Lebensaspekte in der von Ihnen individuell festgelegten Rangfolge. Hier finden sich die Faktoren, die am maßgeblichsten für Ihre Lebenszufriedenheit sind. Positive Veränderungen heben hier das persönliche Energielevel und die Stimmung am nachhaltigsten.

> **Selbsttest Lebenszufriedenheit**
> Finden Sie nun mittels des nachfolgenden Tests noch genauer heraus, was ihre problematischen Punkte sind. Treffen Sie eine Einschätzung darüber, womit Sie gut leben können und was Sie so unzufrieden macht, dass Sie besser neue Wege für sich selbst finden sollten.
>
> In diesem Abschnitt finden Sie eine Reihe von Aussagen. Nehmen Sie bitte zu jeder davon Stellung und kreuzen Sie dazu jeweils eine Zahl von 0 bis 3 an, je nachdem, wie typisch die jeweilige Aussage für Sie ist.
> Die Zahlen stehen für:
> [0] kommt nie oder kaum vor
> [1] kommt selten/nur in speziellen Situationen vor
> [2] ist in vielen Situationen typisch für mich
> [3] ist ganz generell typisch für mich
>
> Treffen Sie Ihre Einschätzung möglichst spontan, überlegen Sie nicht lange. Es handelt sich nur um eine Momentaufnahme, nicht um etwas, was in goldenen Lettern für alle Zeiten in Stein gehauen ist. Es ist beim Ausfüllen auch nicht wichtig, ob Sie Ihre Einschätzung begründen können. Was zählt, ist allein Ihr Gefühl, bezogen auf Ihre aktuelle Situation – nicht das, was sein »sollte«.
>
> Kreuzen Sie pro Aussage jeweils nur ein Kästchen an, und lassen Sie bitte keine Aussage aus.

	[0]	[1]	[2]	[3]
1. Ich bin meistens gut gelaunt, optimistisch und zuversichtlich.		x		
2. Meine Arbeit baut auf meine Kompetenzen und Fähigkeiten auf.		x		
3. Ich habe ein gutes Verhältnis zu meinen Kolleginnen und Kollegen und werde von ihnen akzeptiert.			x	
4. Ich fühle mich gesund und fit.		x		
5. Wenn ich Probleme habe, kann ich mich jederzeit an eine Person meines Vertrauens wenden.		x		
6. Ich sehe einen Sinn in meinem Leben.		x		
7. Ich empfinde meine jetzige berufliche Situation als gut und habe eine Arbeit, die mir Spaß macht.		x		
8. Meine privaten Beziehungen erlebe ich als befriedigend und wertvoll.		x		
9. Ich habe ein gutes Verhältnis zu den Menschen in meiner Umgebung (z. B. den Nachbarn, Kollegen etc.).			x	
10. Ich bin zufrieden mit meinem Aussehen und finde mich attraktiv.		x		

	[0]	[1]	[2]	[3]
11. Wenn ich auf die vergangenen Monate zurückblicke, herrscht ein Gefühl der Zufriedenheit vor.	✗			
12. Ich finde die Höhe meines Einkommens angemessen und akzeptabel.	✗			
13. In den meisten Bereichen entspricht mein Leben meinen Vorstellungen.	✗			
14. Wenn ich mein Leben noch einmal leben könnte, würde ich nur wenig ändern.			✗	
15. Ich empfinde das Maß an Freizeit, das mir zur Verfügung steht, als okay so, wie es ist.			✗	
16. Ich verstehe mich gut mit meinen Vorgesetzten oder Auftraggebern.		✗		
17. Es ist willkommen, dass ich meine Ideen und Wünsche bei der Arbeit einbringe.		✗		
18. Ich komme gut mit meinen Kunden/Klienten zurecht, erhalte positive Rückmeldungen.		✗		
19. Ich fühle mich den Anforderungen in meiner Arbeit gut gewachsen.		✗		
20. Ich bin mit meinem sozialen Umfeld zufrieden.		✗		

	[0]	[1]	[2]	[3]
21. Zu meiner Herkunftsfamilie habe ich ein gutes Verhältnis.			x	
22. Ich fühle mich in meiner Ehe/Partnerschaft wohl.	x			
23. Ich glaube, dass Gott/das Schicksal es gut mit mir meint.		x		
24. Ich fühle mich voll akzeptiert von den Menschen, die mir am nächsten stehen.		x		
25. Neben meinem Beruf bleibt genügend Zeit für Hobbys und andere Freizeitaktivitäten.			x	
26. In meinem Beruf kann ich viele eigene Ideen verwirklichen.		x		
27. Ich wache auf und freue mich auf den Tag.			x	
28. Bisher habe ich die wesentlichsten Dinge erreicht, die ich mir für mein Leben wünsche.	x			
29. Ich fühle mich in meiner Wohnung/in meinem Haus sehr wohl.		x		
30. Ich habe den Eindruck, dass ich mit meinen Aktivitäten Gutes und Sinnvolles bewirke.		x		

Gesamtpunktzahl .... 30 ....

Auswertung:
Addieren Sie nun die Punktzahlen bei den Antworten, die Sie angekreuzt haben, und halten Sie Ihre Gesamtpunktzahl fest. Je höher die Gesamtpunktzahl ist, die Sie erreicht haben, desto größer ist auch Ihre Lebenszufriedenheit.

Über 65 Punkte:
Sie genießen Ihr Leben und finden es mit all seinen Facetten gut so, wie es ist. Es gibt kaum offene Wünsche oder Sehnsüchte, kaum etwas, was Sie tatsächlich stark vermissen. Sie sind froh darüber, wie Ihr Leben verläuft, und sind zufrieden mit Ihrer Arbeit, Ihrem sozialen Umfeld und damit, wie Sie Ihren Alltag organisiert haben. Sie verstehen es gut, sich Ihr Leben so einzurichten, dass Sie sich wohlfühlen. Da wo Sie sind, sind Sie am richtigen Platz, und auf der Basis dieses Gefühls der Sicherheit fällt es Ihnen leicht, sich neuen Herausforderungen zu stellen.

50 bis 64 Punkte:
Sie leben weitgehend im Einklang mit sich selbst und führen ein erfülltes und befriedigendes Leben. Zwar gibt es Unterschiede zwischen dem, was Sie gerne hätten, und den ganz realen Gegebenheiten Ihres Alltags, doch das beeinträchtigt Ihr Wohlbefinden in der Regel nicht allzu sehr.

Trotzdem wünschen Sie sich Veränderungen, die Sie dem, was Sie sich eigentlich erträumten und immer noch erträumen, näher bringen. Schauen Sie sich die Punkte, wo Sie [0] oder [1] angekreuzt haben, noch einmal an.

Was sind Dinge, die Sie, auch wenn sie unbefriedigend sind, so belassen wollen? Und in welchen Bereichen würden Sie gerne etwas verändern? Welche Möglichkeiten gibt es, in diesem Sinne aktiv zu werden?

Nutzen Sie die Anregungen, die dieses Buch Ihnen geben kann, dazu, um noch mehr in Übereinstimmung mit Ihren Wünschen und Vorstellungen zu leben und so Ihre Zufriedenheit weiter zu steigern.

30 bis 49 Punkte:
Rundum zufrieden sind Sie nicht. In Ihrem Leben läuft etliches anders, als Sie es sich vorgestellt hatten. Sie leben in vielerlei Hinsicht nicht im Einklang mit dem, was für Sie ein erfülltes Leben ausmacht. Das macht unzufrieden und oft auch traurig.

Woran liegt es, dass eine so große Kluft besteht zwischen dem, was Sie gerne hätten, und dem, wie Ihr Leben momentan verläuft? Wer oder was hindert Sie daran, das zu verwirklichen, was Sie gerne verwirklicht sähen? Lassen Sie vielleicht zu oft von anderen bestimmen, was Sie zu tun haben? Was bereitet Ihnen im Moment Schwierigkeiten? Probleme in der Familie, im Beruf oder in der Beziehung?

Denken Sie über die Impulse zur Veränderung nach, die Sie in diesem Buch finden, und wählen Sie diejenigen für sich aus, die Ihnen am aussichtsreichsten für Veränderungen zum Besseren erscheinen.

Unter 30 Punkte:
Sie haben oft den Eindruck, eigentlich »am Leben vorbeizuleben«, und sind ganz generell unzufrieden mit Ihren momentanen Lebensverhältnissen – und wahrscheinlich auch mit sich selbst. Vielleicht hadern Sie mit bestimmten Entscheidungen, die Sie getroffen haben, doch möglicherweise sehen Sie sich eher als Op-

fer der Entscheidungen anderer, denken, dass Sie sich gutgläubig auf etwas eingelassen haben, was Ihnen nie wirklich entsprochen hat, nur »jemand anderem zuliebe« und in der Hoffnung darauf, dass Sie sich schon irgendwie damit arrangieren würden.

Aber so ist es nicht gekommen. Nichts scheint sich in die Richtung entwickelt zu haben, die Sie sich gewünscht oder ersehnt hatten. Und je mehr Zeit verstrichen ist und weiter verstreicht, desto mehr Verdruss bereitet Ihnen dieses »Leben eines anderen« in dem Sie nicht heimisch geworden sind.

Worin auch immer Ihre Unzufriedenheit begründet ist: Das Testergebnis könnte ein Signal dafür sein, bestimmte Dinge in Ihrem Leben zu verändern. Was hätten Sie gerne anders? Und wo gibt es Ansatzpunkte, aktiv zu werden und Ihrem Leben eine andere Richtung zu geben? Dieses Buch unterstützt Sie dabei, neue Wege für sich selbst zu erkunden.

Die Zeichen erkennen

Wenn wir das Gefühl haben, da, wo wir sind, nicht am richtigen Platz zu sein, gibt es in der Regel eine Vielzahl von mehr oder weniger versteckten Hinweisen, die uns auf die Bahn des »Eigentlichen«, des für uns Wichtigen lenken wollen: hin zur Verwirklichung unseres Potenzials. Wir müssen nur sensibel dafür werden, solche Indizien wahr- und ernst zu nehmen. Solche Hinweise können sein:

- Ein bestimmter Songtext, ein Sprichwort oder eine Redensart kommen uns hartnäckig immer wieder in den Kopf.

- Wir träumen häufig denselben Traum, haben Träume, die inhaltlich dasselbe widerspiegeln, oder bestimmte Traumsymbole tauchen immer wieder auf.
- Wenn wir anstehende Änderungen ignorieren, gibt auch der Körper klare Zeichen: Bauchschmerzen, Kopfweh, Verspannungen, Müdigkeit, Einschlaf- oder Durchschlafprobleme ... Was will unser Körper uns signalisieren? Was sitzt uns im Nacken? Was schlägt uns auf den Magen? Was geht uns an die Nieren?
- Wir empfinden häufig ein Gefühl von Stagnation oder verspüren eine innere Leere. Der Alltag erscheint uns fad, vieles allzu vorhersehbar, schematisch und langweilig.
- Wir erleben Konflikte und Krisen, die immer nach einem ähnlichen Muster ablaufen. Wir gewinnen den Eindruck, dass die Situation festgefahren ist und etwas Wesentliches nicht stimmen kann, da wir immer wieder die gleichen Schleifen drehen und am gleichen Punkt enden.
- Es taucht oft der Drang auf, uns selbst oder jemand anderem etwas beweisen zu wollen, ja, unbedingt beweisen zu müssen. In unseren Tagträumen erleben wir uns dabei, es den anderen »mal richtig zu zeigen«.
- Es ereignen sich Zufälle, die uns in Erstaunen versetzen. Wir gehen zu einem Vortrag, weil an diesem Abend das Konzert ausgefallen ist, das wir eigentlich hatten besuchen wollen – und erhalten dort eine Anregung, nach der wir lange gesucht haben. Im Aufzug eines Einkaufszentrums hören wir einen Song, der uns an eine lange zurückliegende Situation erinnert – und plötzlich taucht die Lösung für ein Problem auf. Wenn solche »Synchronizitäten« sich häufen, deutet das darauf hin, dass in unserem Inneren etwas in Bewegung gekommen ist und gesehen werden will.

All diese möglichen Anhaltspunkte sollten wir ernst nehmen. Sie signalisieren uns: Mach was anders! Sie geben Hinweise darauf, dass es an der Zeit ist, sich Gedanken über Veränderungen zu machen – zu erkunden, was genau wir brauchen, um uns glücklich und zufrieden zu fühlen.

Schneller Schnappschuss: Was charakterisiert Ihr Leben?

Betrachten Sie Ihre persönlichen Einschätzungen zu den beiden Tests und zu den möglichen Indizien für einen Veränderungsbedarf. Erkennen Sie Muster? Ist im Großen und Ganzen alles okay so, wie es ist, oder gibt es Impulse, aus bestimmten Bereichen auszusteigen oder radikal andere Lösungen herbeizuführen?

Im täglichen Leben ist es zumeist so, dass die Bereiche, mit denen wir zufrieden sind und wo wir uns wohlfühlen, ein Stück weit Frust, Ängste und Ärger anderswo abfedern können. Eine glückliche Ehe oder Partnerschaft kompensiert so manchen Ärger am Arbeitsplatz. Genauso kann ein Job, in dem man sich auch ohne große Karrieresprünge wohlfühlt, Defizite im Wohnumfeld oder im persönlichen Kontaktnetz vielleicht nicht aufwiegen, aber doch abmildern. Das ist einer der Gründe dafür, dass wir uns lange mit dem Status quo arrangieren, statt aktiv zu werden und an dem, was uns nicht behagt, etwas zu ändern. Erst wenn sich auch an diesen Kompensationsfaktoren etwas zum Negativen entwickelt, fangen wir an, unsere Lebensplanung in Zweifel zu ziehen, und wir stellen uns auf einmal grundsätzlichere Fragen: Wozu mache ich das alles? Wieso tue ich Tag für Tag Dinge, die schon beim bloßen Gedanken daran meine Laune in den Keller sinken lassen? Wozu? Was habe ich eigentlich davon?

Schauen Sie genau hin und fragen Sie sich: Wie gehe ich mit Ärger, Ängsten und Frust in den Bereichen um, in denen ich mich fehl am Platz fühle? Studien zufolge neigen Menschen, die unzufrieden sind und sich gestresst fühlen, deutlich mehr zu ungesunden Gewohnheiten, beispielsweise zum Frustessen, zum Rauchen oder zu höherem Alkoholkonsum, als die lebenszufriedene Kontrollgruppe. Es spricht nicht nur deswegen viel dafür, die Quellen der Unzufriedenheit deutlicher in den Blick zu nehmen und etwas zu verändern, statt weiterhin nur die Folgen zu kompensieren. Das Wichtigste ist, sich der Situation zu stellen, statt das Unbehagen weiter beiseitezuschieben. Sich ablenken, Entscheidungen hinauszögern und die Flucht in belanglose Aktivitäten sind typische Erscheinungsformen dieses Ausblendens. Die Alternative: wahrnehmen, was ist. Akzeptieren, dass etwas ganz und gar nicht so läuft, wie es uns und unseren Bedürfnissen entspricht. Es lohnt sich, unsere Unzufriedenheit in Ruhe zu betrachten und zu sehen, wie sie unser alltägliches Denken und Handeln beeinflusst. Unsere Stimmung ebenso wie unser Verhältnis zu anderen Menschen, unsere Entscheidungen wie auch unsere Gesundheit. So gewinnen wir neue Sichtweisen auf unser Selbstverständnis, aber auch auf die Dinge, deren wir überdrüssig geworden sind.

Übung 1: Bestandsaufnahme im Gespräch mit uns selbst

Nehmen Sie sich etwa eine dreiviertel Stunde Zeit und sorgen Sie dafür, ungestört zu sein. Führen Sie nun ganz bewusst ein Gespräch mit sich selbst. Formulieren Sie, was Ihnen aufgefallen ist und welche Schlüsse Sie aus Ihrer Zwischenbilanz gezogen haben. Erzählen Sie es so, als würde Ihnen ein sehr guter Freund oder eine sehr gute Freundin zuhören. Stellen Sie sich einfach vor, die entsprechende Person würde Ihnen gegenübersitzen und Sie wohlwollend ansehen.

Achten Sie bei Ihrer Schilderung darauf, nicht in Selbstanklagen zu verfallen, sondern zu beschreiben, was der Ist-Stand ist und wie Sie sich damit fühlen. Schildern Sie zum einen, welche Dinge gut und richtig in Ihrem

Leben sind, und zum anderen, wo Sie Veränderungsbedarf sehen und warum. Die Frage, was für Sie im Leben wertvoll und wichtig ist, ist häufig noch entscheidender als die Frage, was Sie stört, ängstigt oder kränkt.

Machen Sie sich auch Notizen dazu: Welche Themen kommen zur Sprache? Welche Gefühle tauchen auf? Welches Thema löst besonders starke Gefühle aus? Was erscheint Ihnen als wichtiger im Vergleich zu anderem? Was finden Sie vielleicht überraschend? Notieren Sie sich alle Erkenntnisse.

Schlüpfen Sie immer wieder auch in die Rolle Ihres wohlwollenden Gegenübers. Stellen Sie sich aus dieser Position Fragen zu dem, was Sie als gelungen in Ihrem Leben empfinden, und zu dem, womit Sie unzufrieden sind, was Sie belastet und bedrückt.

Betrachten Sie dabei Ihre Testergebnisse und denken Sie an Ihre Beziehungen, Vorhaben, alltäglichen Aufgaben und Beschäftigungen, Freuden und Leiden – eben an alles, was in Ihnen gefühlsmäßig eine positive oder negative Resonanz hervorruft. Nehmen Sie dann zwei Blatt Papier und listen Sie auf dem einen Blatt alles auf, was eine positive Reaktion hervorruft, auf dem zweiten Blatt, was negative Empfindungen auslöst.

Erzählen Sie dann Ihrem imaginären Gegenüber, von welchen Faktoren auf diesen beiden Listen Ihrer Einschätzung nach Ihr Leben am meisten geprägt wird.

Worum ranken sich Ihre Gedanken am häufigsten? Um Ihre Arbeit? Um bestimmte Aspekte Ihrer Arbeit? Um Ihre Familie? Um typische familiäre Situationen, bestimmte Personen oder bestimmte Vorfälle? Um häufig oder um selten gepflegte Freizeitaktivitäten? Welche Ihrer täglichen Routinen lösen deutlich wahrnehmbare Gefühle in Ihnen aus?

Worauf sind mehr Positionen zu finden: auf der Positiv-Liste oder auf der Negativ-Liste?

Unterstreichen Sie auf der Negativ-Liste alle Punkte, die Sie unbedingt zum Positiven hin verändern wollen, und sprechen Sie dies Ihrem imaginären Freund gegenüber laut aus. Begründen Sie Ihren Veränderungswunsch mit jeweils drei Argumenten. »Das möchte ich verändern, weil …« oder: »Das soll anders werden, weil …«

In der Rolle als einfühlsames Gegenüber haben Sie nichts anderes zu tun, als zu nicken und etwas zu sagen wie: »Ja, das verstehe ich.« Und falls Sie das Gefühl haben, dass da noch mehr im Busch ist, zu fragen: »Gibt es noch weitere Gründe? Was könnte noch ein Grund dafür sein, mich jetzt aktiv um Veränderungen zu kümmern?«

Betrachten Sie Ihre Notizen und nehmen Sie die Gefühle, Impulse und Gedanken wahr, die aufsteigen, während Sie Ihre »Weg von«-Wünsche betrachten. Wenn Ihnen dabei neue Ideen in den Kopf kommen: Schreiben Sie sie einfach dazu.

Warum wir so lange verharren – obwohl wir es besser wissen

Warum halten wir es so lange wider besseres Wissen in Jobs oder Beziehungen aus, die uns immer wieder enttäuschen und frustrieren? Eigentlich wissen wir ja, dass es besser wäre, uns neu zu orientieren. Es gäbe viele gute Gründe – dennoch zögern wir.

Dieser Zeitraum – von der Erkenntnis bis zum Handeln – zieht sich oft sehr lange hin. Was uns am häufigsten im Status quo verharren lässt, ist unser Sicherheitsdenken. Nur wenige Menschen sehen in einer Krise tatsächlich die Chance statt der Gefahr.

Meist ist einer der nachfolgenden Gründe dafür verantwortlich, dass wir zu lange in einer Lebenssituation verharren, derer wir eigentlich schon längst überdrüssig geworden sind:

1. Wir haben nur eine verschwommene Vorstellung von dem, was wir wollen.
2. Wir wissen zwar, was wir wollen, haben jedoch – bewusst oder unbewusst – Furcht davor, wirklich ernst zu machen.
3. Andere haben Interesse daran, dass die Situation so bleibt, wie sie ist, und wir wollen diese Menschen nicht provozieren oder verärgern.

Wir gehen also gerne auf Nummer sicher. Und so lange eine Situation noch halbwegs erträglich ist, ziehen wir das Ausharren dem Hinschmeißen vor, schätzen Beständigkeit und Absehbarkeit mehr als das Risiko des Ungewissen. Meist zwingen uns erst gewichtige Ereignisse dazu, uns umzuorientieren, etwa wenn wir unseren Partner verlieren, wenn wir mit einer Krankheit oder einer Krise am Arbeitsplatz konfrontiert sind, wenn sich unsere finanziellen Verhältnisse radikal ändern. Dann *müssen* wir handeln. Wir halten oft selbst dann an gewohnten Abläufen fest, wenn uns die Nachteile unserer Situation schon bewusst sind und Alternativen verlockend erscheinen. Das, was wir täglich erleben, kennen wir, und auch wenn es uns nicht gefällt, haben wir uns doch irgendwie damit arrangiert. Das Neue kennen wir nicht, wissen nicht, welche Unwägbarkeiten und Fallstricke im Verborgenen lauern, und können nicht abschätzen, was alles schief gehen könnte.

Jeder Wunsch, sich zu verändern, muss sich gegen dieses aus dem Sicherheitsstreben gespeiste Festhalten an Bekanntem durchsetzen.

Wer beim Gewohnten bleibt – auch wenn es viele Nachteile für ihn hat –, vermeidet Stress und fühlt sich sicher. Für jeden unserer gewohnten Abläufe gibt es entsprechende neuronale Verknüpfungen in unserem Gehirn – bestimmte Auslöser sind mit bestimmten Interpretationen und Reaktionen verknüpft. Und je älter wir werden, desto mehr prägen sich automatische Denk- und Verhaltensmuster ein und desto mehr Energie ist erforderlich, sich vom Gewohnten zu lösen und neue Wege zu begehen. Das verführt leicht auch dazu, zu glauben, »jetzt nichts mehr ändern zu können«. Wir trauern verpassten Chancen nach und belassen es dabei. Und dieses Gefühl führt längerfristig betrachtet zu einer generell passiven Haltung dem Leben gegenüber. Wenn wir so von uns denken, lähmen wir uns selbst und unternehmen nichts mehr, um etwas an unserer Lebenssituation zu verändern – auch wenn wir durchaus in der Lage dazu wären. Diese Duldungsstarre wirkt als eine Anleitung zum Unglücklichsein.

Wenn die Annahme, nichts verändern zu können, sich so sehr verfestigt, dass wir schon im Vorfeld Gedanken an mögliche Alternativen abblocken oder sofort reflexartig ein »Ja, aber« zur Hand haben, dann nennen Psychologen dies »erlernte Hilflosigkeit«. »Erlernt« deswegen, weil das Gefühl der Hilflosigkeit nicht durch ein reales Handicap, sondern durch selbstschwächende Denk- und Verhaltensmuster entsteht. Solche selbstschwächenden Muster können sich in Überzeugungen äußern wie:

- »Das ist eben so – ich kann ja sowieso nichts machen.«
- »Das bringt doch eh nichts.«
- »Es macht doch eh keinen Unterschied, ob ich …«
- »Egal, wie sehr ich mich anstrenge, es gibt ohnehin keine Lösung.«
- »Ich fühle mich oft wie im Gefängnis.«
- »Ich kann nicht, weil …«
- »Das geht nicht, weil …«

Negative Verallgemeinerungen haben gewichtige Auswirkungen auf unser Selbstwertgefühl und damit auf unser Leben und die Entscheidungen, die wir treffen. Wenn Sie davon überzeugt sind, nichts ändern zu können, dann haben

Sie vielleicht schon einiges ausprobiert, um eine unbefriedigende Situation zu verändern – und sind trotz mehrmaliger Anläufe nicht erfolgreich gewesen. Das hat dann natürlich zu Vorsicht und Skepsis hinsichtlich möglicher Lösungen und neuer Perspektiven geführt. Oder Sie wollten zu schnell zu viel auf einmal ändern, haben zu große Schritte in Angriff genommen. Oder Sie haben einfach zu früh aufgegeben. Vielleicht fehlten Ihnen zu diesem Zeitpunkt noch notwendige Fertigkeiten. Die Gründe, warum wir mit einem Vorhaben scheitern können, sind vielfältig.

Trotzdem entspricht der Gedanke, nichts ändern zu können, nicht der Wirklichkeit. Wahrscheinlich gibt es doch andere Möglichkeiten. Jene, die Sie bisher noch gar nicht gesehen haben, da sie (noch) außerhalb Ihrer Erfahrungswelt oder Ihres Vorstellungsvermögens liegen.

Natürlich wohnt jedem Anfang nicht nur ein Zauber, sondern immer auch ein Risiko inne. Durchaus möglich, dass der hoffnungsvolle Aufbruch mit einer Bauchlandung endet. Auch können Kurskorrekturen in der Lebensplanung manchmal große Turbulenzen nach sich ziehen. Man ist ja nicht alleine auf der Welt, sondern von den eigenen Entscheidungen sind andere oft mitbetroffen. Und: Rechtfertigt die vage Aussicht auf mehr Lebenszufriedenheit eigentlich, Gewohntes loszulassen, Bequemlichkeiten aufzugeben oder unter Mühen getroffene Kompromisse über den Haufen zu werfen? Wie wird das Umfeld reagieren? Dies sind wichtige Fragen, die wir im Vorfeld klären sollten – die uns, wenn wir uns scheuen, bei Mitbetroffenen nachzufragen und unsere Vorstellungen mit ihnen zu besprechen, für längere Zeit in unserem Elan bremsen.

Oft hilft es, sich zu vergegenwärtigen, dass auch das unschlüssige Verharren im Status quo nicht ohne Fußangeln ist. Fragen Sie sich, wie Ihr Leben in zehn Jahren aussehen wird, wenn alles bleibt wie bisher. Was alles könnte sich durch Inaktivität verschlechtern?

Je länger wir damit warten, je mehr unschlüssiges Hin und Her wir produzieren, ohne aktiv zu werden, desto unmöglicher erscheint uns schließlich eine Veränderung.

Dann ist es doch besser, eine bestehende Unzufriedenheit dafür zu nutzen, etwas zu ändern, oder? Schließlich sind Gefühle der Frustration nicht nur ein Problem, sondern gleichzeitig auch eine Chance, unserem Leben eine neue Richtung zu geben, neue Schwerpunkte zu setzen und Dinge loszulassen, die wir als Fesseln und Belastungen empfinden. Dadurch, dass wir aktiv werden, machen wir neue Erfahrungen und wir lernen dazu. Wir erweitern schrittweise unser Wissen und unsere Kompetenzen, es wächst das Gefühl von »Ich kann es«, das auch als Selbstwirksamkeit bezeichnet wird. Aus Erfahrung resultierende Selbstwirksamkeit ist das Gegenteil von erlernter Hilflosigkeit. Das »Ich kann«-Gefühl erzeugt Energie und Freude und beflügelt dazu, relativ einfache, aber auch schwierigere Herausforderungen in Angriff zu nehmen.

Egal, wie Ihre Situation beschaffen sein mag, im Prinzip haben Sie immer drei Möglichkeiten:

- »Love it«: Sie schließen Frieden mit den Nachteilen Ihrer derzeitigen Situation, da die Vorteile aus Ihrer Sicht trotz aller Nachteile schwerer wiegen. Dann sollten Sie voll und ganz »Ja« dazu sagen und das Beste aus der Situation machen.
- »Change it«: Sie haben Veränderungsbedarf erkannt und beschließen, für das, was Sie am meisten stört, neue Lösungen zu finden.
- »Leave it«: Sie haben den Schluss gezogen, am falschen Platz zu sein, und wollen sich damit nicht länger arrangieren, sehen auch keine Möglichkeit, innerhalb der Situation wesentliche Änderungen zu erreichen. So kehren Sie dem bisher Bestehenden den Rücken und orientieren sich neu.

Achten Sie auf Ihre Gefühle, wenn Sie die drei Möglichkeiten im Geiste durchspielen.

Der richtige Platz kann viele Gesichter haben

Woran erkennen wir, dass wir uns auf der Suche nach dem richtigen Platz auch in die richtige Richtung bewegen? Ein Signal dafür ist das starke Gefühl von Kraft und Lebendigkeit. Wer erkennt, was ihn im Grunde seines Herzens bewegt und antreibt, und plötzlich sieht, wie er dies verwirklichen könnte, wird von einem Energieschub gepackt und beflügelt. Bei der Suche nach dem richtigen Platz muss es nicht zwangsläufig um einen jähen Richtungswechsel gehen, nicht darum, von jetzt auf gleich einfach alles hinzuschmeißen und ohne Rücksicht auf Konsequenzen einer Idee nachzujagen. Vielmehr kann dieses »Etwas«, was als identitätsstiftend erlebt wird, ganz unterschiedliche Gesichter haben. Der eine entdeckt ein Betätigungsfeld, in dem er andere Seiten seines Wesens leben kann als im Berufsleben, die andere findet für sich selbst eine sinnstiftende Aufgabe, die ihr Selbstverständnis verändert. Und ein Dritter verspürt tatsächlich so etwas wie eine Berufung, die einen radikalen Bruch mit dem bisherigen Lebensentwurf bedeutet. Er erkennt eine Mission für sich selbst, der er unbedingt folgen will. Das, was der Einzelne für sich selbst als wichtig erkennt, kann auch ganz unterschiedliche Tätigkeitsfelder beinhalten: Eine künstlerische, handwerkliche oder auch wissenschaftliche Begabung entfalten, soziales oder ökologisches Engagement pflegen, Wissen und Erfahrungen an andere weitergeben, den eigenen Lebensstil ändern, ein Ehrenamt annehmen, die Wohnumgebung wechseln, ein Hobby pflegen.

In den vier nachfolgenden Beispielen zeige ich ganz unterschiedliche Wege auf, wie Menschen zu dem kommen können, was sie erfüllt und glücklich macht. Manchmal lassen sich neue Ideen mit dem bisherigen Alltagsleben vereinbaren, manchmal sind die Konsequenzen auch viel weitreichender.

Julia: Bankkauffrau mit sozialem Engagement

Julia ist Bankkauffrau und hat sich als Vermögensberaterin weiterqualifiziert, berät Kunden in Sachen Geldanlage. Sie lebt mit ihrem Mann Thomas in einem Einfamilienhaus und hat zwei heranwachsende Töchter.

»Es ist nicht so, dass ich mein Leben verkehrt fand«, sagte sie bei unserem ersten Gespräch von sich selbst, »aber irgendwie fühlte es sich von Jahr zu Jahr festgefahrener an. Immer die gleichen Abläufe.« In ihrem beruflichen Tätigkeitsfeld ist sie Profi und auch mit den Kollegen kommt sie gut aus. Sie gestand sich lange nicht zu, unzufrieden zu sein. »Ich dachte, irgendwie hast du Luxusprobleme, viele andere wären froh darum, ein Leben wie deines zu führen. Beschwere dich nicht.«

Doch das Gefühl der Unzufriedenheit und der Leere ✗ wollte nicht weichen. Sie erkannte, dass das, was ihr fehlte, das Gefühl war, etwas für die Gemeinschaft zu tun. »Sicher, meine Kunden profitieren von meinem Wissen und mit einem Partner zusammen zwei Kinder großzuziehen, das gibt schon Erfüllung. Irgendwie schien das aber nicht alles zu sein. Ich wollte etwas tun, was über meinen Job und mein kleines, privates Glück hinausreichte. Da lernte ich eine Frau kennen, die bei uns vor Ort ein Soziales Zentrum leitet und bei einer Veranstaltung meiner Bank einen sehr anschaulichen Vortrag über die Ziele und Aufgaben ihrer Organisation hielt. Da war ich sofort wie elektrisiert. Als ich heimging, wusste ich: Hier ist dein Platz.«

»Meine Familie war davon nicht begeistert. Eigentlich nahm keiner das so richtig ernst, dass ich mich auf einmal für die Aus- und Weiterbildung von Migrantinnen und

Verbesserungen ihres Wohnumfelds einsetzte. Oder dass ich Vorleserunden für sozial benachteiligte Vorschulkinder organisierte und auch selbst als Vorleserin in Aktion trat.«

»Mama hat plötzlich einen sozialen Tick«, befand meine Älteste. Mein Mann hielt es für eine vorübergehende Marotte. Meine beste Freundin fand es widersinnig: »Du als Bankerin...!«

So sehr ich sonst immer darauf geachtet hatte, was andere von mir denken und wie sie mein Verhalten bewerten – auf einmal spielte das für mich nicht mehr die Hauptrolle. Viel stärker wog das Bedürfnis, etwas zu tun, was einen Sinn macht. Und so ist es bis heute geblieben.«

Patricia: Von der Einzelhandelskauffrau zur Rangerin

Patricia hatte immer viele Träume auf Lager. Sie hatten alle das Oberthema »Freiheit und Selbstbestimmung«. Nach ihrer Lehre als Einzelhandelskauffrau wollte sie erst einmal mehr von der Welt sehen und zog zum Entsetzen ihrer Eltern zusammen mit ihrem Freund Andreas mit Rucksack und Zelt los. »Eine raue Zeit«, sagt sie, »aber abenteuerlich. Wir haben viel erlebt. Frankreich, Spanien, Marokko, die Türkei. Schlugen uns immer so durch, lebten von allerlei Gelegenheitsarbeiten von der Hand in den Mund. Haben traumhafte Landschaften durchstreift und grandiose Naturschauspiele erlebt.« Nach der Rückkehr trennten sich die beiden und Patricia begann als Verkäuferin in einem Modegeschäft zu arbeiten. Bald schon wechselte sie die Arbeitsstelle, dann wieder und wieder. »Das war damals einfacher als heute«, sagt sie. »Es hielt mich nirgends lange. Alles war mir schnell über, zu eng, zu klein, zu geregelt, zu fremdbestimmt – ich kam mir vor wie eingesperrt.« Als sie mit 25 von ihrer Tante eine schöne Geldsumme erbte, sah sie die Chance, ihre eigene Herrin zu werden, und eröffnete eine Modeboutique – und legte nach drei Jahren eine Pleite hin. »Es war der falsche Traum – und ich ärgerte mich maßlos, das Geld in dieses Geschäft gesteckt zu haben. Hätte ich doch nur stattdessen eine Weltreise gemacht, das hätte mir viel mehr gebracht. Und was hatte ich nun? Schulden.« Das stürzte sie in eine Krise. Sie haderte mit sich selbst, denn nun sah sie sich gezwungen, dort weiterzumachen, wo sie aufgehört hatte: als Verkäuferin. Das »Hätte ich nur ...« konnte sie lange nicht loslassen.

»Es brauchte Zeit«, sagt sie heute, »bis ich mir selbst vergeben konnte, gescheitert zu sein, und noch mehr Zeit, zu erkennen, was ich wirklich will«. Sich über seine Bedürfnisse und Wünsche in Bezug auf das richtige Tätigkeitsfeld klar zu werden, kann ein Prozess sein, der sich lange hinzieht – manchmal auch viele Jahre.

Doch schließlich kam die Neuorientierung. »Ich wollte wieder raus, raus in die Natur, weil ich merkte, dass ich da am besten abschalten und zur Ruhe kommen kann.« Auf einer geführten Wanderung durch die Fränkische Schweiz dachte sie, Mensch, das würde mir Spaß machen: Anderen Menschen Naturschönheiten näherzubringen. Ja! Sie gewann Gefallen an dieser Idee und ließ sich schließlich zur Rangerin ausbilden. »War schon eine harte Zeit«, sagt sie im Rückblick. »Tagsüber im Geschäft stehen, abends dann der Lehrgang und das viele Lernen. Dazu oft samstags auch ein ganztägiger Workshop. Aber ich spürte deutlich: Da geht's lang für mich, das ist meins.« Heute organisiert sie als Rangerin in einem Naturpark Exkursionen für die unterschiedlichsten Zielgruppen, von der Schulklasse bis zur Seniorengruppe.

David: Wirtschaft und Musik

»Eigentlich habe ich immer auf den richtigen Zeitpunkt gewartet«, sagt David, ein 45-jähriger Amtsleiter im Wirtschaftsreferat einer Mittelstadt. »Auf den passenden Moment, abzuspringen. Und der war natürlich nie gegeben. Als alleinerziehender Vater kann ich nicht einfach alles hinschmeißen und eine Band gründen, das war sowieso klar. Ich war einfach auf ›Ganz oder gar nicht‹ fixiert. Entweder voll und ganz Musiker oder voll und ganz Stadtverwaltung. Und nachdem ich keinen Weg sah, auszusteigen, verbannte ich das Saxophon in den Keller. Heute kommt mir das kindisch vor, doch so war ich eben damals drauf. Freizeitmusiker war für mich etwas unter meiner Würde, regelrecht ein Schimpfwort. Sowas wie ›Hobbymaler‹. Stattdessen machte ich mir Vorwürfe wegen meiner mangelnden Konsequenz, schalt mich angepasst und feige.«

Auch heute noch ist David Amtsleiter und alleinerziehender Vater eines mittlerweile 15-jährigen Sohnes. »Das BWL-Studium war nicht gerade mein Herzenswunsch gewesen. Meine Eltern hatten mich damals mehr oder minder dazu überredet«, sagt er heute. »Eigentlich wäre ich viel lieber Musiker geworden. Ich spielte ganz annehmbar Saxophon und stellte mir vor, eine Band zu gründen und ein aufregendes, freies Leben zu führen. Jazz war meine Welt. So spielte ich neben dem Studium mal hier und mal da mit, bis ich kurz vor dem Diplom meine Frau kennenlernte, die als Sekretärin in dem Unternehmen arbeitete, wo ich mein Praktikum absolvierte. Sie wurde sehr schnell schwanger. Ein Kind hatten wir zu dieser Zeit noch nicht geplant, doch Markus kam eben einfach. Wir wussten beide, dass wir zusammenbleiben wollen, und entschlossen uns zur Elternschaft. Für mich stand nun ein sicherer, krisenfester Job im Vordergrund und so strebte ich eine Laufbahn im öffentlichen Dienst an. Wir waren eine glückliche Familie, Margit, Markus und ich. Die Musik trat nun völlig in den Hintergrund und das hätte eigentlich alles so bleiben können, zu der Zeit vermisste ich nichts. Doch kurz nachdem Markus in die Schule kam, verunglückte Margit bei einem Verkehrsunfall, und da war von heute auf morgen meine Welt auf den Kopf gestellt. Eine wirklich harte Zeit. Ich konzentrierte mich dann voll auf das, was mir geblieben war: mein

Sohn und meine Arbeit. Ich glaube, sonst hätte ich den Schmerz nicht ausgehalten. In den folgenden Jahren war ich voll damit beschäftigt, Markus ein guter Vater zu sein, und ansonsten gab es die Arbeit, die Arbeit und die Arbeit. Ich kam voran, genoss Ansehen, wurde Amtsleiter. Markus geht jetzt aufs Gymnasium und er ist es, der mich wieder zur Musik gebracht hat. Als er damit begann, Gitarre zu spielen, holte ich irgendwann auch mein altes Saxophon aus dem Keller. Schnell wurde klar, dass wir musikalisch völlig unterschiedliche Vorlieben und Intentionen hatten. Aber da war es wieder, das Saxophon. Und der Jazz. Diesmal spielte es für mich keine Rolle mehr, welchen Stellenwert ein Freizeitmusiker hat. Völlig egal. Es ging und geht mir nur um die Musik, die Möglichkeit, mit anderen zusammen musikalisch unterwegs zu sein. Ich spiele seit einem Jahr in einer Drei-Mann-Combo und fühle mich so lebendig wie lange nicht mehr.«

Sigrid: Von der Grafikdesignerin zur Autorin
Dies ist meine eigene Geschichte, eine Geschichte der Wege und Umwege. Als Kind träumte ich davon, Autorin zu sein, schrieb früh schon erste Geschichten und begann nach dem Abitur an der FU Berlin Germanistik und Publizistik zu studieren. Der Liebe wegen brach ich das Studium jedoch ab und folgte meinem späteren Mann in seine Heimatstadt. Nach elf gemeinsamen Jahren gingen wir, Eltern einer kleinen Tochter, getrennte Wege. Ich hatte während der Ehe Design studiert, machte mich 1990 in diesem Metier selbstständig und durchlief das stetige Auf und Ab, das den Alltag vieler Freiberufler kennzeichnet.

Meine Tätigkeit machte mir Spaß. Ich arbeitete für kleine und mittlere Unternehmen und hielt Vorträge und Seminare über grafische Gestaltung. Nebenher schrieb ich Gedichte und Geschichten. Mir war schon früh klar, dass ich als Freie am glücklichsten bin. Die Sicherheit eines geregelten Jobs mit Gehaltszettel am Monatsende hin oder her – das Gefühl, die eigene Chefin zu sein, wird dadurch für mich nicht aufgewogen.

Doch nach dem plötzlichen Verlust eines großen Auftraggebers im Jahr 2002 wurde es eng für das Grafikatelier. Ich beschloss, trotz finanzieller Bedrängnis eine Trainerausbildung zu machen, um mein bisheriges »Spielbein«, die Vorträge und Seminare auf ein breiteres Fundament zu stellen. Zudem wollte ich mein Angebot weg von der Grafik hin zum Bereich Persönlichkeitsentwicklung verlagern. Stärker als die visuelle Präsentation von Unternehmen und Produkten interessierte mich jetzt der einzelne Mensch und sein Werdegang. Das war der erste Umbruch. Im Zuge der Ausbildung zur Mental- und Wellnesstrainerin kam dann die Idee zum ersten Buch: der zweite Umbruch. Und da war es dann wieder, das Schreiben. Der alte Traum. Und der loderte schnell zur Flamme hoch. Ich wusste auf einmal, was ich wollte, das, was ich schon als kleines Mädchen gewollt hatte: schreiben. Und seither bin ich mit Herz und Seele dabei.

Und so kam es zum dritten Umbruch: Die Liebe zum Schreiben hat mich nun auch dahin geführt, einen Masterstudiengang für Biografisches und Kreatives Schreiben zu belegen und neue Felder des literarischen Ausdrucks für mich selbst zu entdecken, mit dem Ziel, die Methoden und Instrumente auch an andere weiterzugeben.

Meilenstein 2: Was Ihre Einzigartigkeit ausmacht

Dieses Kapitel beschäftigt sich mit Ihrem Potenzial, den Talenten und Fähigkeiten, über die Sie verfügen – und auch jenen, die vielleicht mangels Anwendung »eingerostet« sind oder die noch unentdeckt in Ihnen schlummern. Niemand ist einfach ein »Durchschnittstyp«. Vielmehr hat jeder das Potenzial, etwas Besonderes zu sein. Wenn wir unser Leben danach ausrichten, den richtigen Platz für uns zu finden, wo wir unsere Begabungen zu entfalten vermögen und mit dem, was wir tun, auch für andere von Nutzen sind, wird uns das zufrieden und glücklich stimmen.

Wie sehen Sie sich selbst? Wie würden Sie sich gerne sehen?

Da wir alle über die Fähigkeit zur Selbstreflexion verfügen, haben wir die Möglichkeit, uns selbst ebenso »von außen« zu betrachten, wie wir andere Menschen oder Dinge betrachten. Dies versetzt uns in die Lage, uns ein Bild von uns selbst zu machen. Und das machen wir gleich in zweierlei Hinsicht: Zum einen entwerfen wir ein auf der Einschätzung unserer Stärken und Schwächen gründendes aktuelles Selbstbild (»So sehe ich mich«) und anderseits entwickeln wir ein ideales Selbstbild (»So wäre ich gerne«).

Zudem können wir auch eine auf Mutmaßungen beruhende Außenperspektive einnehmen, also den Blick anderer Menschen auf uns intern vorwegnehmen. Auch hier gibt es die oben schon genannten zwei Varianten des aktuellen und des idealen Selbstbilds:

- So glaube ich, dass mich andere sehen,
- so hätte ich gerne, dass andere mich sehen.

Die mutmaßliche Einschätzung durch andere ist abhängig von der jeweiligen Umgebung, in der wir uns bewegen. Denn die Vermutung, wie andere uns sehen, kann im Freundeskreis oder in der Firma ganz anders sein als in der Familie oder in der Wandergruppe am Wochenende.

Wenn wir neue Wege einschlagen wollen, ist es gut, sowohl unsere Stärken als auch unsere Schwächen zu kennen. Denn dann wissen wir, worauf wir bauen können und wo wir besser beraten sind, uns die Kompetenzen anderer unterstützend zunutze zu machen. Den meisten Menschen fällt zum Thema »Schwächen« wesentlich mehr ein als zum Thema »Stärken«. Das kommt daher, dass wir unser aktuelles Selbst – bewusst und auch unbewusst – mit unserem idealen Selbst abgleichen. Da diese meist nicht deckungsgleich sind, springen uns die Unterschiede sofort ins Auge. Meist vergleichen wir uns dann auch noch mit anderen, die größeres Ansehen genießen, mehr besitzen, mehr wissen oder bestimmte Dinge besser können als wir selbst.

Da hingegen, wo wir keine Abweichungen zwischen unserem aktuellen Selbst und unserem idealen Selbst feststellen, nehmen wir die jeweilige Fähigkeit oder das Ergebnis einer Handlung als selbstverständlich hin und betrachten dies nicht als etwas Besonderes. Ein Vorteil dieser Betrachtungsweise kann sein, uns angespornt zu fühlen, besser zu werden – was immer »besser« für uns bedeutet. Der Nachteil ist, dass wir uns im permanenten Vergleichen schnell wie eine immerwährende Baustelle vorkommen und aus dem Blick verlieren, was wir eigentlich jetzt schon alles sind, haben und können. In der nachfolgenden Übung wird nun der Blick ganz bewusst auf die starken Seiten der eigenen Persönlichkeit gelenkt.

Übung 2: Die Liste der persönlichen Stärken, Teil 1

Für diese Übung brauchen Sie zunächst etwa eine Viertelstunde Zeit, dazu Stift und Papier oder Sie eröffnen eine neue Datei in Ihrem Computer. In den folgenden Tagen brauchen Sie dann immer mal wieder zwei bis fünf Minuten für Einfälle und Zusätze. Finden Sie Antworten auf die nachfolgenden Fragen.

- Was waren Ihre bisher größten Erfolge? Mit welchen Ihrer Talente und Fähigkeiten haben Sie sie erzielt? Was genau haben Sie eingesetzt? Zielstrebigkeit? Ausdauer? Intuition? Kreativität? Kooperationsbereitschaft? Soziale Beziehungen? Fachwissen? Erfahrungswissen? Überzeugungskunst? Organisationstalent? Was genau war es, was maßgeblich zum Erfolg beigetragen hat?
- Welche persönlichen Qualitäten nehmen Sie an sich wahr? Sind Sie beispielsweise besonders konfliktfreudig oder jemand, der gut schlichten kann? Können Sie gut zuhören, etwas gut darstellen oder sind Sie besonders flexibel? Sind Sie kreativ oder liegen Ihre Stärken eher im Ordnen und Strukturieren? Denken Sie wieder an Ihre Erfolge und fragen Sie sich, welche persönlichen Qualitäten hier auch mitgewirkt haben könnten.
- Welche beruflichen Qualifikationen haben Sie? Welche davon können Sie für eine berufliche Weiterentwicklung oder eine Neuorientierung nutzen? Gibt es Zeugnisse oder andere Qualifikationsnachweise, die wichtige Fähigkeiten dokumentieren?
- In welchen Bereichen können Sie besonders großes (Fach-)Wissen vorweisen? Worin sind Sie beispielsweise auch außerberuflich besonders qualifiziert? Wo kennen Sie sich gut aus? In welchen Situationen setzen Sie dieses Wissen ein? Wo ließe sich Ihr Wissen noch einsetzen?

- Welche fünf positiven Eigenschaften charakterisieren Sie am zutreffendsten?
- Worauf sind Sie stolz? Welche Erfolgsgeschichten aus Ihrem Leben erzählen Sie anderen immer wieder gerne?
- Was haben Sie aus früheren Krisen, Niederlagen und Misserfolgen Wichtiges gelernt? Welche Stärken und Fähigkeiten haben Sie gerade im Bewältigen von Konflikten und Widrigkeiten gezeigt – und vielleicht auch in der Krise neu entwickelt?

Viele unserer starken Seiten sind uns nicht bewusst, weil sie uns selbstverständlich sind und wir sie deswegen als »nichts Besonderes« betrachten. Wir sind so daran gewöhnt, sie einzusetzen, dass uns gar nicht auffällt, dass dies eine besondere Qualität widerspiegeln könnte. Es ist paradox: Weil uns etwas leichtfällt, schätzen wir es nicht – und dabei ist genau das die Stärke: dass uns etwas leichtfällt, wofür andere vielleicht viel Mühe aufwenden müssen. Beobachten Sie aus dieser Perspektive heraus einmal Ihre alltäglichen Abläufe und ergänzen Sie Ihre Stärken-Liste um persönliche Qualitäten und Fähigkeiten, die Ihnen auffallen. Wir entwickeln und verändern uns ständig, und so können sich im Lauf der Jahre, immer neue Fähigkeiten und Kompetenzen zeigen, die uns bisher noch nicht bewusst waren.

Nun wenden Sie sich Ihrer Vorstellung vom idealen Selbst zu. Nehmen Sie sich wieder eine Viertelstunde Zeit und finden Sie Antworten auf die folgenden Fragen:

- Um welche Felder würden Sie Ihr Wissen und Ihre Kompetenzen gerne erweitern?
- Welche Fähigkeiten möchten Sie gerne mit sich in Verbindung gebracht sehen?
- Was würden Sie gerne an Eigenschaften und Verhaltensweisen, die Sie an sich selbst ärgern, ablegen oder abschwächen?

- Über welche weiteren positiven persönliche Eigenschaften würden Sie gerne verfügen? Wie wären Sie gerne? Und warum?

Beobachten Sie auch hier im Alltag Ihre Gedanken und Ihr Verhalten. Registrieren Sie, wo Ihre Vorstellungen vom idealen Selbst sich melden und worauf sie sich beziehen. Meist geschieht das in Form des »inneren Kritikers«, der aktuelles Verhalten moniert. Dahinter verbirgt sich die Idealvorstellung. Schreiben Sie einfach auf, was Sie wahrnehmen. Wo sind Unterschiede zwischen »Ist« und »Soll«? Wo sind sie akzeptabel und hinnehmbar und in welchen Fällen leiden Sie darunter, dass Sie sich nicht so verhalten, wie Sie es gut an sich selbst fänden?

Wie sehen andere Sie?

Oft gehen wir davon aus, dass andere Menschen uns genauso sehen, wie wir selbst es tun, und wir glauben ebenso oft auch, dass Einigkeit über persönliche Stärken und Schwächen einer Person herrscht. Doch das ist eine voreilige Annahme. Fremdbilder – die Bilder, die andere von uns haben – stimmen meist in vielen Punkten nicht mit dem jeweiligen Selbstbild überein, im Positiven wie im Negativen. Und sie unterscheiden sich auch untereinander oft stark, je nachdem, wie die jeweilige Person »tickt« und wie es um deren persönliche Sicht der Welt bestellt ist.

Fremdbilder sind nicht so direkt zugänglich wie das Selbstbild. Sie wissen, was Sie denken. Sie kennen Ihre Gefühle. Der andere kennt Ihre Gedanken und Gefühle nicht, es sei denn, Sie sprechen darüber. Das Bild anderer von uns selbst hat als Erkenntnisquellen lediglich unsere Körpersprache und unser Verhalten zur Verfügung. Andere nehmen wahr, was wir tun oder unterlassen, wie wir uns benehmen, wie wir uns in verschiedenen Situationen konkret verhalten, wie wir sprechen, welche Worte wir verwenden, wie wir aussehen, welche Mimik und Gestik wir haben. Ihr Eindruck von uns setzt sich wie ein Mosaik aus all diesen Facetten zusammen.

Wir selbst können meist nur indirekt aus dem Verlauf von Gesprächen, Verhandlungen, Diskussionen und anderen sozialen Interaktionen Rückschlüsse auf das jeweilige Fremdbild ziehen, das der andere von uns hat. Manchmal erhalten wir auch direkte Rückmeldungen.

Übung 2: Die Liste der persönlichen Stärken, Teil 2
Überlegen Sie:

- Wofür werden Sie immer mal wieder gelobt und wertgeschätzt?
- In welchen Situationen, bei welchen Themen hört man auf Sie oder fragt man Sie um Rat?

Fragen Sie zusätzlich auch Personen Ihres Vertrauens danach, was der andere als starke Seite(n) an Ihnen sieht. Wählen sie dafür Menschen aus, die Sie aus ganz unterschiedlichen Zusammenhängen kennen: Familie, Freundeskreis, Kollegen, Bekannte aus Freizeit und Hobby. Das erfordert vielleicht ein wenig Überwindung, lohnt sich aber. Jeder von uns hat blinde Flecken in der Selbstwahrnehmung. Anderen fallen oft genau die Dinge auf, die wir für selbstverständlich halten und insofern gar nicht als Qualität an uns bemerken.

Fügen Sie nun zu Ihren selbst erkannten Stärken die Wahrnehmungen der Menschen in Ihrem Umfeld hinzu. Vermutlich gibt es in einigen Punkten Übereinstimmungen – da sieht Ihr Gegenüber eine starke Seite an Ihnen, die Sie auch selbst so wahrnehmen. Höchstwahrscheinlich können Sie Ihrer Liste aber auch Punkte hinzufügen, die neu für Sie sind, die Sie bisher nicht im Blick hatten.

So sehr sich Außen- und Innenperspektive vielleicht voneinander unterscheiden, beide beruhen auf subjektiven Wahrnehmungen und sind ein persönlicher Ausdruck bestimmter Überzeugungen. Und: Niemand sieht *alles*. Auch Sie selbst nicht.

Wenn wir ein Feedback bekommen, das nicht mit unserem Selbstbild übereinstimmt, sind wir meist eher geneigt zu glauben, dass der andere uns doch nicht so gut kennt, als unsere eigene Überzeugung infrage zu stellen. »Meine Kollegin Emma hatte mir Mut und Durchhaltevermögen bescheinigt«, sagte Patricia, »da dachte ich mir, kann doch nicht sein, die sieht mich viel zu positiv. Oder sie will mir schmeicheln. Mut, na ja, das konnte ich schon irgendwie annehmen, aber Durchhaltevermögen? Ich, die ich immer von einem Job zum nächsten gehüpft war? Doch dann erinnerte sie mich an verschiedene Situationen, wo sie mich so erlebt hatte. Und ich musste zugestehen: ja, genau. Ich habe seinerzeit diesen Spanisch-Kurs belegt und nicht einen einzigen Abend sausen lassen, egal, wie müde ich war. Stimmt.«

Als ich selbst meine Freundin Tanja fragte, was sie als besondere Stärke an mir wahrnehmen würde, sagte sie, »dass du dich aus jedem Misthaufen wieder rauswühlen kannst«. Und mir verschlug es erst einmal die Sprache, denn mein Blick war bislang immer darauf gerichtet gewesen, dass ich überhaupt in diese »Misthäufen« hineingeraten war, also auf das, was ich mutmaßlich falsch gemacht hatte. Dass es nicht selbstverständlich ist, die Folgen von Fehlentscheidungen konstruktiv zu überwinden und somit den Mist als Dünger zu nutzen, war mir überhaupt nicht bewusst gewesen.

Es kann ein gewisses Unbehagen erzeugen, wenn wir merken, dass andere Menschen uns in wesentlichen Punkten anders sehen, als wir selbst es gewohnt sind, uns wahrzunehmen, auch dann, wenn sie positiver von uns denken als wir selbst. Dadurch kann ein Erwartungsdruck entstehen, nun dem Bild, das der andere hat, auch genügen zu müssen – ähnlich, wie wir uns häufig aufgerufen fühlen, dem inneren Bild unseres idealen Selbst zu genügen. Oder wir fühlen uns »verkannt«, wenn eine Stärke hervorgehoben wird, die wir selbst eher als Schwäche zu betrachten gewohnt sind.

Jenseits solcher Befürchtungen gilt es nun aber zunächst einmal, das zu würdigen, was Ihr Gegenüber als starke Seite an Ihnen identifiziert hat. Fragen Sie ruhig nach, wenn Ihnen nicht klar ist, wie der andere darauf kommt. An welchem Verhalten in welchen Situationen macht er seine Wahrnehmung fest? Auch wenn Sie sich nicht völlig mit seiner Sichtweise anfreunden können: Tun Sie so, als ob, und fügen Sie die »befremdlichen« Stärken Ihrem Stärken-Portfolio hinzu.

Womit beschäftigen Sie sich am liebsten?

Wir alle kennen Momente, in denen wir uns einer Tätigkeit voll und ganz zuwenden, uns ausschließlich auf das konzentrieren, was wir gerade tun, und kein Platz für andere Wahrnehmungen zu sein scheint. In solchen Momenten des Ganz-dabei-Seins sind wir im Einklang mit uns selbst. Es gibt keine kontroversen Gedanken, keine widerstreitenden Gefühle, keinen Stress und keine Langeweile. Wenn wir so in unser Tun vertieft sind, dass wir alles um uns herum vergessen, und unseren eigenen Rhythmus gefunden haben, dann sind wir im Zustand des »Flow«. Das eigene Tun als innerlich bereichernd zu erleben ist ein wichtiger Bestandteil unserer Lebensqualität.

Übung 3: Was tun Sie besonders gerne?

Nehmen Sie sich wieder eine Viertelstunde Zeit und legen Sie Papier und Stift bereit. Gehen Sie im Geiste zunächst die letzten Tage und Wochen durch und finden Sie Antworten zu den nachfolgenden Fragen:

- Was sind Ihre Lieblingsbeschäftigungen?
- Was waren frühere Lieblingsbeschäftigungen, von denen Sie denken, dass sie Ihnen auch heute noch Spaß machen würden?
- Womit können Sie sich lange beschäftigen, ohne Langeweile zu verspüren?
- Zu welchen Aktivitäten haben Sie eigentlich fast immer Lust?
- Was machen Sie besonders gerne? Bei welchen Tätigkeiten sind Sie konzentriert und ganz in Ihr Tun vertieft?
- Was vermag Ihre Aufmerksamkeit so zu fesseln, dass Sie alles um sich herum vergessen?
- Wie geht es Ihnen in solchen Momenten? Wie erleben Sie sich dann selbst?

Halten Sie dann kurz inne und gehen Sie die Fragen noch einmal im Hinblick auf weiter zurückliegende Zeiträume durch – die letzten Jahre und Jahrzehnte, Ihre Teenagerzeit, die Kindheit. Welche Tätigkeiten haben Sie da besonders fasziniert und beglückt? Versetzen Sie sich zeitlich zurück und gehen Sie typische Situationen in der Vergangenheit im Geiste noch einmal durch. Ergänzen Sie dann Ihre Notizen um die Punkte, die Ihnen im Zuge der Erinnerung deutlich werden.

Gönnen Sie sich eine Pause! Vielleicht machen Sie einen Spaziergang und wenden sich anschließend gleich der nächsten Übung zu. Oder Sie setzen sich für morgen einen Termin, wann Sie die nächste Übung angehen. Bleiben Sie jedenfalls dran, aber nehmen Sie sich auch nicht zu viel auf einmal vor.

Übung 4: Verborgene Stärken entdecken
Nehmen Sie sich wieder etwa eine Viertelstunde Zeit, legen Sie die Aufzeichnungen Ihrer Lieblingsbeschäftigungen und Ihre Stärken-Liste bereit. Wenden Sie sich dann der Liste mit den Lieblingsbeschäftigungen zu und überlegen Sie sich dann für jede einzelne Tätigkeit:

- Welche Stärken gehen mit dem einher, was ich gerne tue (oder tat)?
- Welche Talente, welche Fähigkeiten bewirken, dass mir das so gut von der Hand geht?

Dann tragen Sie alles, was Sie neu an Stärken entdeckt haben, zusätzlich in Ihre Stärken-Liste ein.

Konstruktiver Umgang mit den eigenen Schwächen

Infolge des ständigen automatischen Abgleichs des aktuellen Selbst mit dem idealen Selbst kann sich leicht der Eindruck festsetzen, wir hätten ganz fürchterlich viele Schwächen. Denn allzu häufig bleiben wir hinter unseren Vorstellungen und Möglichkeiten zurück. Unsere Schwächen sind Eigenschaften und Verhaltensweisen, mit denen wir (noch) nicht zufrieden sind. Nun haben wir die Wahl: Wir können diese schwachen Seiten an uns als Makel oder als Entwicklungsfeld betrachten. Das macht einen großen Unterschied. Dieses »Defizitbewusstsein« tut uns nicht gut. Schwächen als Makel zu sehen schadet unserer Selbstakzeptanz und schwächt das Selbstvertrauen, weil wir dann davon ausgehen, dass wir »Mängelwesen« sind. Wenn wir uns bewusst werden, dass das, was wir als unsere schwachen Seiten betrachten, eigentlich nur eine logische Folge des Abgleichs unseres aktuellen mit dem idealen Selbst ist, können wir besser differenzieren, was wir an den schwachen Seiten tatsächlich verändern wollen und was Schwächen sind, die wir achselzuckend zur Kenntnis nehmen und als persönliche Eigenheiten abhaken. Wir erreichen mehr und es macht uns glücklicher, wenn wir uns mehr um die weitere Entfaltung unserer Stärken als um die Bekämpfung unserer Schwächen kümmern.

Es gibt allerdings zwei Gründe, Schwächen nicht einfach völlig auszublenden, sondern sich lösungsorientiert damit zu beschäftigen, wie sie zu überwinden sind:

- wenn eine Schwäche der weiteren Entfaltung einer Stärke im Wege steht,
- wenn diese Schwäche sich als Fußangel für die Zukunft erweisen könnte und sie Ihnen vielleicht auch schon in der Vergangenheit in verschiedenen Situationen zum Verhängnis geworden ist.

Alle anderen Schwächen stehen bei der Entscheidung pro oder kontra Neuorientierung nicht im Vordergrund.

Übung 5: Schwächen identifizieren und bewerten

Nehmen Sie sich wieder eine Viertelstunde Zeit und reflektieren Sie nun über das Thema persönliche Schwächen. Finden Sie dazu Antworten auf die folgenden Fragen:

- Was waren Ihre größten Misserfolge? Was genau ist passiert? Was war Ihr persönlicher Anteil daran? Was haben Sie gesagt, getan, unterlassen, was eine negative Entwicklung nach sich zog?
- Was machen Sie gar nicht gerne? Bei welchen Tätigkeiten haben Sie das Gefühl »zwei linke Hände« zu haben?
- Welche Ihrer persönlichen Eigenschaften und Verhaltensweisen wirkt sich immer wieder negativ aus?

Betrachten Sie dann die Punkte, die Sie als Schwächen bezeichnen. Unterstreichen Sie diejenigen, die sich als

Störfaktoren für die Verwirklichung Ihrer Zukunftsträume erweisen könnten. Bei mir war dies beispielsweise der Hang, zu viel gleichzeitig zu wollen, mich zu verzetteln. Das stand einer Neuorientierung sehr im Weg; es galt zu lernen, meine Aufmerksamkeit auf das Wesentliche zu fokussieren, statt sie in alle möglichen Richtungen zu zerstreuen. Patricia neigte zu unüberlegten Schnäppchenkäufen und dies konnte sich als kritisch für Ihre Entscheidung zu einer neuen Ausbildung erweisen.

Entscheiden Sie also, welche Ihrer Schwächen Sie angehen und welche Sie akzeptieren möchten. Wenn Sie eine Schwäche als für Ihre Zukunftsplanung nicht wichtig erkannt haben, akzeptieren Sie sie. Verwenden Sie keine Energie mehr darauf, sich darüber zu ärgern. Betrachten Sie sie einfach als persönliche Besonderheit. Konzentrieren Sie sich vielmehr auf jene Dinge, die Ihnen bei einer Neuorientierung tatsächlich im Weg stehen. Überlegen Sie, wie Sie auch Ihre starken Seiten dafür einspannen könnten, Schwachstellen zu kompensieren.

Alte Stärken – neue Stärken: Ihr Stärken-Portfolio

Richten Sie Ihren Blick nun wieder auf die Liste mit Ihren starken Seiten. Nun, wo so viele Aspekte Ihrer Persönlichkeit, so viele Ihrer Qualitäten, Talente und Fähigkeiten offenbar geworden sind, geht es darum, diejenigen herauszufiltern, die Ihnen am wichtigsten erscheinen. Stellen Sie die Top Ten Ihrer starken Seiten zusammen.

Machen Sie sich immer wieder bewusst, welche persönlichen Stärken Sie haben, die Sie bei Ihrer Neuorientierung unterstützen können.

Übung 6: Die persönlichen Top Ten der Stärken

Besorgen Sie sich einen Stapel Karteikarten und nehmen Sie sich wieder eine Viertelstunde Zeit. Schreiben Sie dann jeweils eine der Stärken auf eine der Karten. Wenn Sie damit fertig sind, legen Sie die beschrifteten Karten aus und stellen eine Reihenfolge her.

Welche Ihrer Stärken ist Ihnen am wichtigsten? Welche am zweitwichtigsten und so weiter? Verschieben Sie die Kärtchen so lange, bis die Reihenfolge für Sie stimmig ist.

Schreiben Sie dann die Begriffe, die auf den ersten zehn Karten stehen, untereinander auf ein Blatt und stecken Sie es in Ihre Handtasche oder Ihre Brieftasche – an einen Ort, wo Sie den Zettel rasch hervorziehen können. Sehen Sie sich Ihre Auflistung immer mal wieder an und vergegenwärtigen Sie sich auf diese Weise Ihre starken Seiten. Schauen Sie insbesondere dann darauf, wenn es darum geht, eine wichtige berufliche oder private Entscheidung zu treffen.

Gute Aussichten, auf Dauer erfolgreich und zufrieden zu sein, hat derjenige, der sein berufliches und privates Leben konsequent an seinen persönlichen Stärken orientiert und nur diejenigen seiner so empfundenen Schwächen ausbügelt, die ihn in der Entfaltung dieser Stärken behindern könnten. Wer seine Stärken nicht nutzt, lässt sein Potenzial verkümmern, statt es zur Blüte zu bringen. Und das macht auf Dauer gesehen unzufrieden und unglücklich.

Besser also, sich an den eigenen starken Seiten zu orientieren und das Beste aus den persönlichen Talenten und Fähigkeiten zu machen.

Überlegen Sie:

- Was könnten Tätigkeitsfelder sein, wo Ihre Talente und Fähigkeiten an der richtigen Stelle aufgehoben sind und Sie Ihr Potenzial gut einsetzen können?
- Welche Vorteile haben andere vom Einsatz Ihrer starken Seiten? Welchen Nutzen bieten Sie ihnen damit?

Meilenstein 3:
Auf der Spur der Lebensträume

Dieses Kapitel ist den »großen« Träumen und Visionen gewidmet, der Fantasie und der Kreativität. Ganz ausdrücklich stellen Sie sich die Frage: »Was wäre, wenn ...« und wagen einen Blick über Denkzäune und mentale Begrenzungen, die den Blick für das Mögliche trüben.

Es geht darum, zu erkennen, worauf die Sehnsucht nach Veränderung sich richtet und was das für Sie selbst und Ihre Bedürfnisse bedeutet. Meilenstein 3 erinnert Sie an die goldenen Momente in Ihrem Leben, und Sie sehen dann klarer, was genau diese Momente so golden gemacht hat. Fantasiereisen in die Zukunft inspirieren Sie dazu, sich verschiedene Wunschszenarien vorzustellen und zu erleben, welche Resonanz dies in Ihnen hervorruft. Sie erfahren, was die Faktoren sind, die Ihre Stärken und Fähigkeiten zum Erblühen bringen, und warum es wichtig ist, dass Wünsche und Vorstellungen dem eigenen Wesen entsprechen.

In eine neue Richtung denken: Jetzt!

Denken Sie einmal an die Zeit zurück, als Sie 18, 19 oder 20 waren. Da schien es ganz deutlich noch zwei Leben zu geben: das, was Sie lebten, und das, was noch vor Ihnen lag – die weite Spanne Zeit der Zukunft. Einen ganzen Ozean an Zeit hatten Sie noch vor sich, waren neugierig und hatten vielleicht auch tausend Ideen und Pläne. Alles schien möglich zu sein.

Doch nun, Jahre oder Jahrzehnte später, nachdem viele Weichen gestellt sind und Ihnen bewusst ist, wie schnell die

Zeit verronnen ist, sehen Sie auch, dass das Leben so manchen Traum, so manche Idee mit sich genommen hat. Oder dass Sie möglicherweise jahrelang den Traum von jemand anderem lebten: den des Vaters oder der Mutter, den des Lebenspartners oder den, den Ihnen die Gesellschaft und die Medien als erstrebenswert darstellten. Nun haben Sie den Mut aufgebracht, hinzuschauen, um herauszufinden, was Sie wirklich wollen, was Sie antreibt und was Sie glücklich und zufrieden stimmt. Und welche Aspekte Ihres jetzigen Lebens nicht dem entsprechen, was Sie als stimmig für sich selbst empfinden.

Finden Sie heraus, was diese Diskrepanzen hervorruft und was Sie tun können, um den richtigen Platz für sich, Ihre Sehnsüchte, Wünsche und Bedürfnisse zu finden.

Nichts ist energiezehrender, als in einer diffusen Lähmung oder im »Warteschleifen-Syndrom« steckenzubleiben, nach dem Motto: »Ich kann nicht, weil…« oder: »Erst wenn irgendwann, dann…« Natürlich können wir immer Gründe finden, warum etwas nicht möglich ist. Gründe, mit denen wir die Überzeugung nähren, dass etwas uns aufhält. Und dann dieses Etwas als mächtiger betrachten als unseren Veränderungswunsch: »Ich hätte ja gewollt, aber…«

Natürlich ist es gut, sich latente oder bewusste Unzufriedenheiten zuzugestehen, denn über den Umweg der Unzufriedenheit können wir erkennen, was wir brauchen und wollen. Es gilt also, unsere Unzufriedenheiten in Sehnsucht zu verwandeln. Sich also nicht ständig gedanklich damit aufzuhalten, was alles nervig und schlecht ist, sondern sich zu fragen: Was hätte ich gerne anstelle dessen? Voraussetzung dafür, dem, was für uns das Leben lebenswert macht, näher zu kommen, ist, uns von alten, einschränkenden Überzeugungen zu befreien. Überzeugungen davon, was »man« tun sollte und was nicht, wie »man« leben sollte und wie nicht, was »man« gut und was »man« schlecht finden sollte. Solche Denkschablonen sind nicht hilfreich, wenn es um unsere Lebenszufriedenheit geht. Um gezielt etwas in Richtung Lebensglück zu verändern, müssen wir uns vielmehr darüber klar werden, was wir selbst möchten, welche Träume und Bedürfnisse wir haben und was uns etwas bedeutet. Zu Erkenntnissen darüber kommen wir durch Fragen, die uns anregen, uns mit unserer Vergangenheit, unseren Sehnsüchten und Bedürfnissen und unserer Zukunft zu beschäftigen, beispielsweise:

- Wer bin ich?
- Was will ich?
- Was wünsche ich mir?
- Wie sähe ein Job aus, in dem ich mich wohlfühlen könnte?
- Was ist mir wichtig?
- Was stimmt mich zufrieden?
- Mit welchen Menschen arbeite ich gerne zusammen?

Antworten auf Fragen wie diese zu finden trägt zur Selbsterkenntnis und zur Befreiung von Denkschablonen und inneren Fesseln bei. Sie geben uns Hinweise darauf, was wir mögen und brauchen und was wir jetzt und in Zukunft tun können, um unser Leben positiv zu verändern.

»Goldene Momente« lokalisieren

Wie kommen wir unseren Werten und Prioritäten, unseren Träumen und Wünschen auf die Spur? Impulse dazu können die folgenden drei Übungen geben.

Bitte halten Sie dafür Stift und Papier bereit oder legen Sie im Computer entsprechende Dateien an. Außerdem brauchen Sie Zeit, pro Übung etwa eine Viertelstunde.

Übung 7: Prägenden Ereignissen auf die Spur kommen

Stellen Sie eine Zeitschaltuhr oder einen Wecker auf 10 Minuten. Fühlen Sie sich dann mit all Ihrer Vorstellungskraft in eine Situation ein, in der Ihnen tatsächlich nur zehn Minuten Zeit bleiben, um auf Ihr Leben zurückzublicken und sich klarzumachen und aufzuschreiben, was darin wichtig war und was darin fehlte. Worauf sind Sie stolz? Was haben Sie bedauert? Welche Erfahrungen erscheinen Ihnen als besonders bedeutsam? Was hat starke positive und was starke negative Gefühle ausgelöst? Woraus haben Sie besonders viel gelernt? Was haben Sie gern getan, was machte Ihnen Spaß? Welche Pläne blieben unverwirklicht?

Lassen Sie sich von diesen Fragen leiten und legen Sie los. Achten Sie nicht auf die chronologische Reihenfolge, schreiben Sie einfach direkt auf, was Ihnen durch den Kopf geht. Streichen Sie nichts aus, lassen Sie alles Geschriebene stehen. Und nicht vergessen: Nach zehn Minuten ist Schluss, stoppen Sie, wenn der Wecker klingelt.

Anschließend lesen Sie Ihren Text noch einmal durch und lassen das Geschriebene auf sich wirken. Unterstreichen Sie, was Ihnen vom Gefühl her besonders bedeutsam erscheint. Falls Ihnen noch etwas dazu einfällt, schreiben Sie es einfach dazu. Natürlich haben Sie noch viel mehr erlebt als das, was Sie notiert haben; doch dieses sind Ereignisse, die Sie selbst als wichtig einstufen, denn sie sind Ihnen anstelle von anderen, die es auch gegeben hat, eingefallen. Aufgrund dessen, was Sie erlebt haben, haben Sie bestimmte Einstellungen, Überzeugungen und Verhaltensweisen entwickelt, die auch heute noch wirksam sind. Die Qualität Ihres Lebens ist sozusagen ein Spiegelbild Ihrer Überzeugungen. Je nachdem, wie Sie das bewerten, was Ihnen zustößt, werden Sie sich ganz unterschiedlich fühlen und unterschiedliche Entscheidungen für Ihr Leben treffen. Denken Sie unter dem Vorzeichen »Was habe ich gelernt?« auch an die Dinge in Ihren Notizen, die Sie als schwer und bedrückend empfanden. Welche Qualitäten haben Sie entwickelt, mit denen Sie diese schweren Zeiten gemeistert oder überstanden haben?

Machen Sie eine Pause, bevor Sie mit der nächsten Übung beginnen.

Übung 8: Lichtblicke wiederentdecken
Nehmen Sie sich zehn Minuten Zeit und lassen Sie nun Ihr Leben wie einen Film an sich vorüberziehen. Konzentrieren Sie sich jetzt ganz auf die positiven Aspekte in Ihrer Biografie. Erinnern Sie sich an die Situationen, die Sie als besonders gut, gelungen, glücksstiftend erlebt haben. Schreiben Sie Ihre Entdeckungen auf. Was fanden Sie stimmig? Wo haben Sie sich besonders wohlgefühlt? Wann und wo hatten Sie das Gefühl, am richtigen Platz zu sein? Was waren Ereignisse oder Situationen, in denen Sie mit sich selbst im Einklang waren? Entscheidungen, die Sie als gut und sinnvoll erlebten? Wo hatten Sie das Gefühl »Ja, so sollte es sein« oder »Das hatte gepasst« oder »Das fühlte sich richtig gut an«? Und was war diesen Situationen gemeinsam? Erinnern Sie sich an Situationen,

- wo Sie sich rundum wohlgefühlt haben,
- wo Ihnen Tätigkeiten besonders leichtgefallen sind,
- wo Sie das Gefühl hatten, »richtig«, geborgen oder willkommen und wertgeschätzt zu sein,
- wo trotz einer anstrengenden Arbeit Ihre Umgebung Ihnen Kraft gegeben statt entzogen hat.

Schreiben Sie auch jetzt wieder hintereinander weg, was Ihnen einfällt. Denken Sie nicht länger über einzelne Erlebnisse nach, sondern schreiben Sie möglichst viele positive Erinnerungen auf. Nach zehn Minuten halten Sie inne und überfliegen wieder Ihre Notizen. Unterstreichen Sie auch jetzt, was Ihnen besonders bedeutsam erscheint.

Was von dem, was Sie notiert hatten, sehen Sie als Meilensteine in Ihrer Entwicklung an? Was hatte besonders positive Konsequenzen? Auch jetzt können Sie, wenn Ihnen neue Erinnerungen in den Sinn kommen, diese einfach ergänzen.

Entspannen Sie sich bitte auch nach dieser Übung eine Weile, machen Sie eine kleine Pause, bevor Sie mit der dritten Übung beginnen.

Übung 9: Die guten Aspekte der Entwicklung wertschätzen

Auch wenn Sie mit Ihren momentanen Lebensumständen unzufrieden sind und häufig das Gefühl haben, am falschen Platz zu sein, sind Sie nicht ständig missmutig und verdrossen, sondern auch mal fröhlich und gut gestimmt. Auch im Hier und Jetzt gibt es Edelsteine im Alltag, positive Aspekte, die Sie vielleicht nicht angemessen würdigen.

Nehmen Sie sich wieder zehn Minuten Zeit und finden Sie Antworten auf die folgenden Fragen:

- Mit welchen Menschen können Sie besonders gut arbeiten oder sich besonders gut austauschen? Warum ist das so?
- Zu welchen Menschen haben Sie eine besonders gute Beziehung aufgebaut? Warum? Wie halten Sie diese guten Beziehungen aufrecht?
- Was hat die größte sinnstiftende Bedeutung für Sie?
- Welche Tätigkeiten im ganz normalen Alltag machen Ihnen Freude?

- Was erleben Sie im Alltag als besondere Lichtblicke?
- Wann sind Sie gut gelaunt? Was geht dem jeweils voraus? Was sind die Anlässe?
- Wovon möchten Sie mehr erleben – in Ihrem Beruf, Ihrer Partnerschaft, Ihrer Familie, Ihrer Freizeit? Was davon ist in Ihren Augen besonders wichtig für Ihr Wohlbefinden?
- Was würden Sie am meisten vermissen, wenn es Ihnen nicht mehr zur Verfügung stünde?

Stoppen Sie wieder nach zehn Minuten und betrachten Sie Ihre Antworten. Wahrscheinlich ist in den Antworten zu den Impulsfragen deutlich sichtbar geworden, dass es bei den meisten bisher als schwierig oder niederdrückend empfundenen Erlebnissen, die Sie hatten, auch Aspekte gibt, die Sie in Ihrer Entwicklung befördert haben. Und dass es – neben bestimmten Umständen, die Sie (momentan) als gegeben hinnehmen müssen – viele Möglichkeiten gibt, Einfluss auf Ihre Situation zu nehmen.

Den ersten Schritt dazu haben Sie getan, indem Sie sich darüber bewusst geworden sind, was die positiven Seiten sind und wo Ihr Veränderungsbedarf liegt.

In Ihren Antworten auf die Impulsfragen erkennen Sie auch, was das Wesentliche für Sie ist. Je mehr Sie von dem, was Sie als gut, angenehm und sinnstiftend erleben, in Ihren Alltag holen und je mehr Dinge Sie loslassen, die Sie belasten oder Ihnen im Grunde Ihres Herzens nur wenig bedeuten, desto mehr stärken Sie damit auch Ihre Lebenszufriedenheit. Ihre Lebensgeschichte bietet Ihnen viele Anhaltspunkte für eine Weiterentwicklung. Durch diese können Sie einem erfüllten Leben näher kommen.

Das Prinzip Wunderlampe: Was würde ich in meinem Leben anfangen, wenn ...

Nicht nur die Erinnerung an »goldene Momente« in der Vergangenheit und das Gewahrsein des Schönen im Hier und Jetzt lassen sich nutzen, dem »Eigentlichen« in unserem Leben auf die Spur zu kommen, auch Träume und Tagträume geben Denkanstöße. Nach dem Blick auf das Gewesene und das Gewordene richten wir den Blick nun auf das Werdende.

Wenn wir uns Jahre oder Jahrzehnte beruflich und auch privat in einer bestimmten Richtung bewegt haben, verlieren wir leicht mögliche Alternativen aus dem Blick. Wir sind gewohnt, so zu leben, wie wir eben leben, und wir alle sind »Gewohnheitstiere«, verharren gern im Vertrauten und machen uns meist nur dann Gedanken über Veränderungen, wenn uns ein »Weiter so« allzu düster oder unerträglich erscheint. Um den Blick etwas zu weiten und nicht gleich ein reflexartiges »Ja, aber« auf den Plan zu rufen, ist es auch gut, sich das Träumen ganz ausdrücklich zu erlauben, sich zu gestatten, nach Herzenslust zu spekulieren und Luftschlösser zu bauen. Und sich immer dann, wenn sich die kritische Vernunft zu Wort melden will, diese erst einmal außen vor zu lassen. Platz für den kritischen Blick wird dann später im Geschehen noch genügend sein.

Alle Lebenspläne beruhen letztlich auf Sehnsüchten und Träumen. Sich das »Spinnen« zu erlauben, erhöht die Chance, inmitten vielfältiger Vorstellungen die eine oder andere zu entdecken, die sich in ein konkretes Ziel verwandeln lässt. Dabei ist es am besten, eine lockere, spielerische Haltung einzunehmen. Die nachfolgenden Übungen helfen dabei, sich entsprechend innerlich »aufzulockern«.

Übung 10: Imaginärer Rückblick

Nun stellen Sie Ihren Wecker wieder auf zehn Minuten ein und lassen Ihre Gedanken weg vom Vergangenen hin zum Zukünftigen wandern. Stellen Sie sich vor, wie es wäre, wenn Sie nur noch eine kurze Spanne Lebenszeit zur Verfügung hätten und nun auf Ihr Leben zurückblicken würden. Was würden Sie aus dieser Perspektive heraus bereuen, in Ihrem Leben nicht getan zu haben?

Lassen Sie auch zu dieser Frage Ihren Gedanken und Ihrer Intuition freien Lauf. Halten Sie alles fest, was Ihnen einfällt. Kleine Dinge, große Dinge, schreiben Sie einfach alle Ideen auf, lassen sie alles stehen, streichen Sie nichts durch.

Nach zehn Minuten stoppen Sie. Anschließend sehen Sie Ihre Notizen noch einmal durch und unterstreichen, was Ihnen als besonders wichtig erscheint.

Diese Übung fokussiert die Aufmerksamkeit auf die Vorhaben, die uns ein tiefes Gefühl der Befriedigung vermitteln. Wir müssen nicht erst im tatsächlichen Rückblick am Lebensende feststellen, wohin uns unsere Sehnsucht hätte bringen können. Vielmehr können wir uns zielgerichtet Gedanken machen, wie wir das, was uns wichtig ist, in die Tat umsetzen. Und vielleicht können wir uns auch leichter von Dingen verabschieden, die wir von dieser Warte aus als belanglos einstufen.

Hier legen Sie eine kleine Pause ein, bevor Sie sich mit der nächsten Übung der Zukunft zuwenden.

Übung 11: Sätze ergänzen

Während Sie sich beim imaginären Rückblick darin geübt haben, rückschauend Wichtiges zu erkennen, machen Sie nun Schritte in die Zukunft. Denken Sie »groß« und stellen Sie sich vor, wie Ihr Leben aussähe, wenn Sie sich unabhängig von äußeren Zwängen, von Geld, Bindungen, Verantwortung und Verpflichtungen entscheiden könnten. Finden Sie heraus, welche Qualitäten es dann in Ihrem Leben geben würde. Bei der nachfolgenden Übung ist es wichtig, sie möglichst zügig, ohne langes Nachdenken durchzuführen – schreiben Sie das Erste hin, was Ihnen in den Sinn kommt.

Ergänzen Sie spontan die folgenden Sätze:

- »Wenn es mir egal wäre, was andere von mir denken, würde ich …«
- »Wenn ich sicher wäre, dass mein Partner Verständnis dafür hätte, dann würde ich …«
- »In einem Land, in dem alles erlaubt wäre, würde ich …«
- »Wenn Geld keine Rolle spielte, dann würde ich …«
- »Wenn ich keine Angst hätte, dann würde ich …«
- »Wenn ich wüsste, dass ich nicht scheitere, dann würde ich …«
- »Wenn ich unbegrenzt Energie hätte, dann würde ich …«

Auch die nächste Übung wird Ihnen Impulse für Ihre zukünftigen Möglichkeiten geben. Machen Sie zuvor eine kleine Pause.

Übung 12: Wenn eine gute Fee vorbeikäme …

… und Ihnen sagen würde, dass Sie – ganz wie im Märchen – drei Wünsche frei haben, die sie Ihnen erfüllen wird, was fänden Sie als besonders erstrebenswert? Betrachten Sie noch einmal Ihre Notizen zu den Übungen vorher und überlegen Sie, was für Sie im Vordergrund steht.

Wenn Sie drei Wünsche frei hätten, würden Sie sich Folgendes für die Zukunft wünschen:

1. ....
2. ....
3. ....

Und auch wenn das, was Sie sich wünschen, völlig unrealistisch sein sollte: Es geht vorrangig darum, ein Gefühl für die eigenen Sehnsüchte und Träume zu bekommen. Was davon ganz oder teilweise verwirklicht werden kann, werden wir später erkunden.

Morgen ist auch noch ein Tag für Zukunftsvisionen. Lassen Sie die Erkenntnisse auf sich wirken und planen Sie für die beiden folgenden Übungen morgen etwa eine Stunde Zeit ein.

Übung 13: Zukunftsreise

Nun lassen Sie Ihre Gedanken ganz entspannt in die Zukunft wandern. Stellen Sie sicher, etwa eine halbe Stunde ungestört zu sein, und legen Sie wieder Stift und Papier bereit. Setzen oder legen Sie sich bequem hin und schließen Sie die Augen. Lockern Sie Arme und Beine und nehmen Sie einige tiefe Atemzüge. Spüren Sie, wie Ihr Körper langsam zur Ruhe kommt und sich das wohlige Gefühl der Entspannung immer mehr ausbreitet.

- Stellen Sie sich dann vor, Sie erlebten nun einen Tag, der zwei Jahre in der Zukunft liegt und in dem einige der angedachten Veränderungen aus den bisherigen Übungen schon Wirklichkeit geworden sind.
- Halten Sie die Augen weiter geschlossen und betrachten Sie in Ihrer Vorstellungswelt Ihre Umgebung. Wo halten Sie sich gerade auf? Was sehen und hören Sie? Was fühlen Sie? Welche anderen Sinneseindrücke nehmen Sie wahr?

- Richten Sie nun Ihre Aufmerksamkeit auf sich selbst. Wie sind Sie gekleidet? Was tun Sie? Womit sind Sie gerade beschäftigt? Mit wem sind Sie zusammen? Oder sind Sie ganz für sich in etwas vertieft? Was denken Sie, was an diesem Tag noch stattfinden wird?

Sie müssen sich bei dieser Übung nicht willentlich etwas vorstellen, sondern Sie können auch einfach nur wahrnehmen, was vor Ihrem geistigen Auge auftaucht.

- Wenn Sie sich die Szene mit möglichst vielen sinnlichen Details vergegenwärtigt haben, kehren Sie in die Gegenwart zurück. Notieren Sie nun, was Sie wahrgenommen haben. Was haben Sie gedacht, gefühlt, getan?

Falls Sie nicht auf Anhieb eine konkrete Vorstellung entwickeln konnten, dann lassen Sie sich bitte davon nicht irritieren. Manchmal braucht es länger, bis Zukunftsbilder klarer werden. Wiederholen Sie die Übung nach zwei oder drei Tagen und beobachten Sie, ob die Bilder und Eindrücke sich verändern, ob bestimmte Dinge klarer werden und andere in den Hintergrund treten.

Auch wenn Sie nur mit vagen Eindrücken aus Ihrer Zukunftsreise wieder aufgetaucht sind, leitet die Übung trotzdem eine Art »inneren Suchprozess« ein, der auch im Alltag seine Wirksamkeit weiter entfaltet. Es kann sein, dass sich Vorstellungen vom »Tag in der Zukunft« erst in den nächsten Tagen oder Wochen konkretisieren, vielleicht auch, wenn Sie entspannt sind oder während einfacher Verrichtungen.

Halten Sie deswegen in der Zeit nach Ihrer Zukunftsreise Notizblock und Stift in Reichweite, um auftauchende Impulse und Ideen notieren zu können.

Nach einer kleinen Pause können Sie – wenn Sie genügend Zeit haben – ein Spiel mit Ihren Zukunftsideen beginnen, das Sie über einige Tage spielen werden.

Übung 14: Mit den Zukunftsideen spielen

Reservieren Sie sich etwa eine halbe Stunde Zeit, in der Sie ungestört sind, und legen Sie nun einen Stift und einen Stapel Karteikärtchen oder Zettel in halber Postkartengröße bereit.

- Denken Sie an die Zukunftsreise, die Sie gemacht haben: Welche Vorstellungen haben Sie entwickelt? Was haben Sie gesehen, gehört, gefühlt? Was haben Sie als besonders verlockend oder besonders wichtig erkannt? Halten Sie Ihre Vorstellungen nun auf Kärtchen fest. Für jeden Gedanken nehmen Sie ein neues Kärtchen.
- Nachdem die halbe Stunde verstrichen ist, beenden Sie die Übung und legen Ihre Kärtchen beiseite.
- Egal, wo Sie hingehen und was Sie tun: Nehmen Sie in den nächsten Tagen immer einige leere Kärtchen mit. Durch den nun unbewusst ablaufenden »inneren Suchprozess« werden Ihnen wahrscheinlich noch weitere Ideen einfallen – die Sie dann gleich aufschreiben können.
- Schauen Sie sich nach etwa einer Woche Ihre Kärtchen noch einmal an. Natürlich können Sie nun nicht alles anpacken, was Ihnen an Ideen in den Sinn gekommen ist. In einem solchen Versuch würden Sie sich nur unnötig verzetteln oder sich überfordern. Es gilt also, eine Rangfolge der Wichtigkeit festzulegen. Bringen Sie Ihre Kärtchen in eine dementsprechende Reihenfolge: Ganz vorne liegt diejenige Zukunftsvorstellung, die die größte positive Resonanz bei Ihnen auslöst. Darüber hinaus sollte die Vorstellung so beschaffen sein, dass Sie sie im Wesentlichen für realisierbar halten.

Dann folgt das zweite Kärtchen, das dritte ... Ganz hinten kommen die Kärtchen, die, gemessen an den anderen, eine schwächere Resonanz auslösen oder die Sie für zu aufwändig in der Umsetzung halten.

Die Ideen und Vorstellungen, die auf den ersten vier bis fünf Kärtchen stehen, sollten sich natürlich nicht gegenseitig in der Verwirklichung im Wege stehen. Wenn dem doch so ist, dann wählen Sie jeweils die Option aus, die die größere innere Resonanz hervorruft.

Was uns zum Erblühen bringt

Sich glücklich zu fühlen hat nichts mit Bequemlichkeit oder einem Leben ohne Probleme zu tun. Nach dem amerikanischen Psychologen Martin Seligman sind es im Wesentlichen drei Aspekte, die ein zufriedenes und glückliches Leben ausmachen:

Positive Gefühle: aktiv dafür zu sorgen, dass es einem gut geht.
Flow, Engagement: sich für etwas einsetzen, was einem am Herzen liegt.
Bedeutung, Sinn: das eigene Sein und Wirken in einem größeren Rahmen sehen und als wertvoll und stimmig empfinden.

Am glücklichsten sind demnach Menschen, die ein aktives Leben führen, einen höheren Sinn in ihrem Dasein finden und ihre Lebensfreude kultivieren. Genau diese drei Motive spielen bei Menschen, die sich später im Leben noch einmal umorientieren, eine große Rolle.

Patricia spürte deutlich, dass ihre Neuorientierung auf genau diesen drei Faktoren gründete und ihr Entschluss ihr sofort einen großen Energiezuwachs bescherte.
»Wegen dieser Energie war ich mir gewiss, dass die Richtung stimmt. Obwohl es nicht leicht war, mich darauf einzulassen. Schließlich hatte ich ja das gescheiterte Laden-Projekt hinter mir und Angst, es könnte wieder das Falsche

sein. Doch andererseits konnte ich mir nicht vorstellen, noch weitere Jahre und Jahrzehnte im Verkauf zu arbeiten. Und es gab einen wesentlichen Unterschied: Vom eigenen Geschäft hatte ich damals nicht geträumt, es erschien mir nur eine Verbesserung meiner Lage zu sein. Die Vorstellung hingegen, draußen in der Natur zu arbeiten und anderen Menschen die Schönheit der Landschaft, der Tier- und Pflanzenwelt näherzubringen, fühlte sich sofort völlig stimmig an. Ich wusste einfach: ›Genau das ist es!‹ Es war wie ein Heimkommen.«

Für David stand vor allem das Flow-Gefühl im Vordergrund, das ihm die Musik vermittelte.

»Das hat mich beflügelt. Ich empfand ein Wiedererkennen mit einem Teil von mir, der lange im Schatten verborgen überwintert hat. Als ich damit begann, den Jazz neu für mich zu entdecken, fragte ich mich schon, was mich eigentlich die ganze Zeit aufgehalten hatte. Schließlich hatte mir niemand verboten, Musik zu machen. Es war nur mein eigener innerer Film: dieses Entweder-oder, Profi sein oder gar nichts. Diese Vorstellung in meinem Kopf. Dahinter steckte nichts anderes als die Frage, wie ich von anderen gesehen werde. Und dass mir dieses Image bei anderen wichtiger war als meine Wünsche und der Spaß an der Sache. Das kam mir auf einmal sehr dumm vor. Aber ich habe dadurch auch viel gelernt. Ich bemerkte, wie stark die Frage, was andere von mir halten könnten, mein Leben bestimmt hatte, und konnte mich seither immer mehr davon lösen. Ich spiele heute auch anders als früher. Früher wollte ich ja noch ›etwas werden‹; heute will ich Spuren nachgehen, experimentieren, mit Rob und Hans richtig in den Klängen drin sein, mit Musik kommunizieren. Diese neue Sichtweise hat vieles in meinem Leben verändert. Ich habe jetzt einfach eine andere Sicht auf die Dinge.«

Bei Julia war der Dreh- und Angelpunkt die Sinnfrage und damit verbunden das Bedürfnis, sich lebendig und nützlich zu fühlen, etwas zu tun, was über sie selbst hinauswies.

»Ich schien ja eigentlich alles zu haben, was für viele ein Lebenstraum ist: einen gut bezahlten Job, eine glückliche Ehe, sich gut entwickelnde Kinder, ein Häuschen mit Garten. Es dauerte lange, bis ich mir überhaupt zugestehen konnte, dass mir etwas fehlt. Dass es sogar etwas für mich Wesentliches ist, das mir fehlt. Es war nur so ein diffuses Gefühl der Unzufriedenheit, das einfach nicht weggehen wollte. Als ich mir dann den Vortrag über das Soziale Zentrum anhörte, machte es auf einmal ›klick‹. Ich war mit einem Male aufgeregt, fühlte mein Herz klopfen. Gleichzeitig zwei Gedanken: ›Das hat was mit mir zu tun‹ und ›Du spinnst‹. Das habe ich häufig. Dass mir eine Idee in den Kopf kommt und sofort eine Zensur da ist, sodass ich mich dann gar nicht erst mit der Idee beschäftige. Doch diesmal war es anders. Ich nahm ernst, was ich fühlte, und griff am nächsten Morgen gleich zum Telefonhörer und vereinbarte einen Informationstermin im Sozialen Zentrum. So kam mein Einstieg. Wenn ich mir die drei Faktoren für ›Erblühen‹ anschaue, dann kann ich nur nicken. Genau das erlebe ich: positive Gefühle, Engagement und Flow und das Erleben von Sinn.«

Wenn ich meinen eigenen Werdegang betrachte, sehe ich, dass auch bei mir gute Gefühle, Engagement und Sinnsuche die treibenden Kräfte waren und sind. Die geschäftliche Krise war der Auslöser dafür, dass das, was da schon länger unter der Decke schlummerte, Fahrt aufnahm und zur Neuorientierung führte. Ich wollte gerne einen Nutzen für andere bieten und mit meinen Gaben etwas von Wert schaffen. Als Grafikdesignerin musste ich mit einer kurzen Halbwertszeit meiner Produkte leben. Ein Plakat oder ein Flyer, in die viele gestalterische und inhaltliche Impulse hineingeflossen sind, sind schon bald ein Fall für den Papierkorb. Ich erkannte zwei Wünsche: Der eine war, etwas zu schaffen, was länger Bestand hat als meine grafischen Produkte und was anderen viel Nutzen bietet. Und der zweite war, dass ich gerne, statt nur am Computer zu sitzen, mehr direkten Kontakt mit anderen Menschen haben wollte. Den Wunsch nach mehr direktem Kontakt setzte ich mit der Trainerausbildung in die Tat um. Die Verwirklichung der Idee, etwas Bleibendes mit größerem Nutzen zu erschaffen, ergab sich dann unmittelbar daraus. Noch während der Ausbildung entwickelte ich, einem plötzlichen Impuls folgend, das Konzept für mein erstes Buch.

Die gängigen Erfolgsfaktoren wie Geld, Karriere und Status vermögen es nicht dauerhaft, das Gefühl eines erfüllten Lebens zu vermitteln. Je stärker wir jedoch unser Leben an unseren persönlichen Werten und Fähigkeiten ausrichten und nach außen bringen, was in uns ist, desto mehr Sinn sehen wir darin.

Der individuelle Lebenssinn ist das, was hinter unseren Träumen und Wünschen liegt. Dabei geht es um den Hauptantrieb, eine Art Grundmotivation, die uns so oder so »ticken« lässt. Es ist der Wunsch, etwas zu schaffen, einen Zweck zu erfüllen, der über das eigene Leben hinausweist und auch nicht in erster Linie von materiellen Interessen bestimmt ist. Sinn lässt sich nicht »verordnen«, sondern nur entdecken. Sinn hat mit unseren Werten zu tun und bedeutet für jeden etwas anderes. Dieser Hauptantrieb steuert bewusst oder unbewusst unser Denken, Fühlen und Verhalten. Wer im Einklang mit dem lebt, was er als stimmig für sich selbst betrachtet, hat seine innere Mitte gefunden.

Wie verschiedene Studien verdeutlichen, fühlen sich Menschen dann, wenn sie mit ihrem eigenen Leben glücklich und zufrieden sind, auch mit anderen Menschen enger verbunden. In ihrem Alltagsleben verhalten sie sich kooperativer als jene, die unzufrieden sind und sich unglücklich fühlen.

Gerade wenn es um eine Neuorientierung geht, ist es von großem Nutzen für die eigene Entwicklung, innezuhalten, um sich der eigenen Wünsche und Motive bewusst zu werden, sie zu hinterfragen und auf dem Weg zu neuen Zielen auch die langfristige Orientierung, das Sinnstiftende, mit zu berücksichtigen. Es lohnt sich, die Initiative zu ergreifen, andere Prioritäten zu setzen und das eigene Leben selbstbestimmter zu gestalten.

> **Übung 15: Indizien für einen kraftvollen Lebenstraum**
> Stellen Sie sich vor, Sie gingen einer Tätigkeit nach, die Sie als so befriedigend erleben, dass Sie durch sie eine deutliche Steigerung Ihrer Lebensqualität empfinden. Schließen Sie nun kurz die Augen und spüren Sie dieser Vorstellung nach. Stellen Sie sich vor:
>
> - Sie stehen morgens gut gelaunt auf und freuen sich auf den Tag, der vor Ihnen liegt.
> - Sie lieben, was Sie tun.
> - Sie empfinden: Mein Leben und das, womit ich mich beschäftige, macht Sinn.
> - Sie haben das Gefühl, wertvoll zu sein und einen wichtigen Beitrag zum Ganzen zu leisten.
> - Sie beschäftigen sich überwiegend mit Aufgaben, die Ihnen Kraft geben und wenig mit solchen, die Ihnen Kraft rauben.
> - Sie möchten mit niemandem tauschen.
>
> Öffnen Sie dann wieder die Augen. Welche Art Tätigkeit ist als Erstes vor Ihrem geistigen Auge aufgetaucht?

Wissenschaftler haben Menschen im achten und neunten Lebensjahrzehnt für eine Studie befragt, was sie sich in ihrem Leben anders gewünscht hätten, wenn sie denn im

Nachhinein noch die Wahl hätten. Viele der Probanden äußerten, sie hätten gerne mehr ausprobiert und mehr Mut zu unkonventionellen Entscheidungen gehabt – im Privatleben wie auch im Beruf.

Warten Sie mit der Verwirklichung dessen, was Ihnen am Herzen liegt, also nicht so lange, bis Sie nur noch sagen können: »Es wäre schön gewesen, wenn...«, sondern erlauben Sie es sich jetzt, spontan und kreativ zu sein. Meist fühlen wir uns genau dann am lebendigsten, wenn wir uns entschlossen haben, eine Herausforderung anzunehmen, statt weiter zu zögern und zu zaudern – wenn wir bereit sind, gewohnte Pfade zu verlassen, dazuzulernen und Neues auszuprobieren. Wenn wir die Furcht vor Fehlern und vor dem kritischen Blick anderer zurückstellen und den Fokus darauf legen, Erfahrungen zu machen und Neues dazuzulernen.

Erkennen, was dem eigenen Wesen entspricht

In unserem Denken und Handeln orientieren wir uns im Idealfall vorrangig an unseren persönlichen Werten. Je besser uns dies gelingt, desto »authentischer« erleben wir uns selbst. Aber was versteht man eigentlich unter einem »Wert«?

Werte sind unsere persönlichen Überzeugungen darüber, was wir für besonders wichtig halten. Sie beinhalten auch unsere Vorstellungen darüber, was aus unserer Sicht richtig oder falsch, fair oder unfair, gut oder böse ist. Diese Überzeugungen, die unser persönliches Wertefundament bilden, sind oft auch stark mit unseren Gefühlen verbunden. Stimmen Aufgaben, Anforderungen oder Ziele nicht mit den persönlichen Werten überein, entsteht eine Ungleichheit und es kommt zum Konflikt. Jemand, für den beispielsweise Ehrlichkeit einen hohen Rang einnimmt, bekommt unweigerlich ein schlechtes Gewissen, wenn er einem Freund mittels einer Lüge aus der Klemme hilft. Jemand, für den Freundschaft über Ehrlichkeit gestellt ist, hat damit weniger Probleme. Für wen Entscheidungsfreiheit ein hoher Wert ist, der leidet in einem Job, wo ihm jeder Handgriff vorgeschrieben wird. Wer stark sicherheitsorientiert ist, wird als Freiberufler mit unregelmäßigem Einkommen viel Stress haben.

Zu wissen, welche Werte uns wichtig sind, hilft uns bei einer Neuorientierung enorm. Es zeigt uns, welche Faktoren wir bei der Entscheidung mit bedenken sollten.

Übung 16: Die »Wohlfühl«-Liste

Um den persönlichen Werten auf die Spur zu kommen, hilft es, zunächst Antworten auf zwei einfache Fragen zu finden: In welchen Situationen fühlen Sie sich wohl? In welchen Situationen fühlen Sie sich überhaupt nicht wohl?

- Legen Sie dazu eine Liste mit zwei Spalten an. Schreiben Sie über die linke Spalte »Wann/Wo ich mich wohlfühle« und über die rechte Spalte »Wann/Wo ich mich überhaupt nicht wohlfühle«.
- Dann denken Sie an verschiedene, für Ihren Alltag typische Situationen und füllen spontan die beiden Spalten mit Ihren Einschätzungen. Denken Sie dann auch an Situationen, die Sie weniger häufig erleben, und treffen Sie auch hier jeweils eine Einschätzung. Schreiben Sie so lange, bis Ihnen nichts mehr einfällt.
- Lassen Sie die Liste einen Tag liegen und ergänzen Sie sie immer wieder um weitere Erinnerungen und Einfälle.
- Betrachten Sie dann, was Sie aufgeschrieben haben. Hinter all den Zu- und Abneigungen, die zum Ausdruck gekommen sind, stehen bestimmte Werte. Welche das sind, finden Sie im nächsten Schritt heraus.

Nachfolgend finden Sie eine Tabelle, in der eine Reihe von Werten aufgelistet ist. Diese soll es Ihnen erleichtern, die Ihren Einschätzungen zugrunde liegenden Werte zu identifizieren.

Gesundheit ✗	Freiheit	Neugier
Liebe ✗	Sicherheit ✗	Ruhm
Harmonie ✗	Schönheit	Reichtum
Selbstbestimmung	Wirksamkeit	Zufriedenheit ✗
Einfluss	Macht	Sinn ✗
Ehrlichkeit ✗	Erfolg	Beziehungen ✗
Partnerschaft ✗	Selbstverwirklichung	Beruf
Kreativität	Status	Karriere
Mut	Wissensdurst	Herausforderung
Frieden ✗	Unterstützung	Glück ✗
Freude ✗	Selbstbewusstsein	Vertrauen ✗
Abwechslung	Respekt ✗	Treue ✗
Leidenschaft ✗	Abenteuer	Intelligenz
Verantwortung	Fitness	Geduld
Pflichtgefühl	Geldgeschick	Beständigkeit
Spiritualität	Empathie ✗	Disziplin
Geborgenheit ✗	Offenheit	Entwicklung
Vergnügen	Spaß	Wärme ✗
Hilfsbereitschaft ✗	Demut	Bescheidenheit
Anpassungsfähigkeit	Klarheit	Aufrichtigkeit ✗
Freundlichkeit ✗	Mitgefühl	Höflichkeit
Selbstbeherrschung	Spontaneität	Flexibilität
Einfluss	Charme	Überzeugungskraft
Anerkennung	Lob	Wertschätzung ✗
Zugehörigkeit	Fairness	Sieg
Gerechtigkeit	Lebensfreude ✗	Eigenverantwortung
Gesundheit ✗	Respekt ✗	Lebensqualität ✗
Ehre	Freundschaft ✗	Nachhaltigkeit
Selbstständigkeit	Toleranz	Zuverlässigkeit

Dieses Verzeichnis ist als Anregung gedacht und erhebt trotz seiner Vielfalt keinen Anspruch auf Vollständigkeit. Wenn Ihnen noch weitere Werte einfallen, die Ihrer Einschätzung nach Einfluss auf Ihr Denken und Handeln haben könnten, ergänzen Sie sie bitte entsprechend.

- Schauen Sie nun noch einmal Ihre Wohlfühl- und Nicht-Wohlfühl-Liste an, befassen Sie sich nacheinander mit jeder einzelnen der aufgelisteten Situationen: Markieren Sie jeweils zu der Situation die Werte, die Sie in der Situation positiv wahrnehmen, mit einem blauen Punkt. Werte, gegen die in der Situation »verstoßen« wurde, markieren Sie mit einem roten Punkt. Werte, die in der Situation weder positiv noch negativ eine Rolle gespielt haben, lassen Sie außen vor.

Nun werden Sie bemerken, dass in manchen der Werte-Felder sich die Punkte häufen und sich in anderen kaum etwas tut. Die Kästchen, in denen sich viel rot und blau tummelt, stehen für jene Werte, die für Ihr Denken, Fühlen und Handeln besonders wichtig sind. Sie sehen, wo Ihre Werte im Einklang stehen mit den Regeln und Konventionen, die täglich an Ihrer derzeitigen Arbeitsstelle, in den zwischenmenschlichen Beziehungen mit Kolleginnen, Kollegen und Vorgesetzten und im Umgang mit Kunden oder Klienten Usus sind, und wo es große Diskrepanzen gibt. Und auch in Ihrem Privatleben ist abzulesen, welche Ihrer wichtigsten Werte in einer Situation gut gelebt werden können und in welchen Situationen sie keine Resonanz in Ihrer Umgebung haben. Je stärker Sie Ihr Leben an Ihren persönlichen Werten und persönlichen Stärken orientieren, als desto reicher und erfüllter empfinden Sie es.

Stellen Sie abschließend aus den Markierungen in der Werte-Liste eine Hierarchie Ihrer zehn wichtigsten persönlichen Werte her. So führen Sie sich Ihren persönlichen Wertekanon und die neuen und überraschenden Aspekte darin vor Augen.

Patricia: »Klar sticht da gleich mein Freiheitshunger hervor, ich erkenne jetzt aber auch, dass Wirksamkeit bei mir erstaunlich hoch angesiedelt ist. Das hatte ich so gar nicht gesehen. Es macht mich froh und zufrieden, wenn ich sehe, dass eine geführte Tour zum Erlebnis für die Teilnehmer wird und dass sie aufgrund der Informationen und des angeleiteten Selbst-Entdeckens viele Aha-Erlebnisse haben. Natürlich hat es mich auch als Verkäuferin gefreut, wenn eine Kundin etwas gut zu ihr Passendes gefunden hat, aber das Gefühl jetzt ist irgendwie viel umfassender.«

David: »Freude, Spaß, Spontaneität – die Musik gibt mir genau das, was in meinem Job nicht so angesagt ist. Im Job geht es eher um Beständigkeit, Verantwortung und Zuverlässigkeit. Was ich mittlerweile auch zu schätzen gelernt habe – aber das alleine ist eben zu wenig. Und mir war zwar schon vorher klar gewesen, dass ich Tage mit vielen Besprechungen als besonders anstrengend erlebe, dachte mir immer, wieso eigentlich, ich bin doch gerne mit anderen zusammen. Doch jetzt ist mir klar, warum: Offenheit und Spontaneität sind da praktisch gar nicht vorhanden – es geht vorrangig um Zweckdienlichkeit und Absicherung der eigenen Position. Im Grunde meines Herzens liegt mir das nicht.«

Julia: »Ich bin sehr gemeinschaftsorientiert, das spiegelt sich auch in meinem Wertefundament wider. Natürlich kommen da auch Qualitäten wie Finanzgeschick und Sicherheit vor, aber ganz oben stehen doch ganz eindeutig Familie, Verantwortung, Hilfsbereitschaft und Beziehungen. Wahrscheinlich kommt das daher, dass ich mit drei Schwestern und einem Bruder aufgewachsen bin. Wir sind so erzogen worden, dass jeder seinen Teil zum Ganzen beizutragen hat. So was prägt einen schon, denke ich. Überraschend war für mich, dass tatsächlich ganz oben ›Sinn‹ steht. Als ich das sah, stutzte ich. Das hatte ich so nicht gedacht. Aber inzwischen sage ich: Ja, ganz klar, das erklärt viele meiner Entscheidungen.«

- Nehmen Sie noch einmal die Liste Ihrer zehn wichtigsten Werte zur Hand. Setzen Sie sie in Beziehung zu Ihren Testergebnissen (siehe Seite 26): Was haben Ihre Antworten mit Ihren besonders wichtigen Werten zu tun?
- Setzen Sie anschließend Ihre Werte in Beziehung zu Ihren Zukunftsvorstellungen (siehe Übung 13 und 14, Seite 69 ff.): Wo und wie spiegeln sich die besonders wichtigen Werte darin wider?

Wenn Sie sich Ihrer Werte bewusst sind und sie ernst nehmen, dann können Sie diese auch bei allen künftigen Entscheidungen als wertvolle Hilfe heranziehen. Wer Geborgenheit liebt, sollte sich überlegen, ob er als Flugbegleiter glücklich wird. Wer neugierig ist und die Abwechslung sucht, ist mit einem Job, der durch gleichförmige Abläufe gekennzeichnet ist, nicht gut bedient. Auch ist es bei gefühlten Ungleichheiten erheblich schwerer, Ziele zu erreichen – auch nicht, wenn sie selbst gesetzt sind. Fragen Sie sich also, was Ihnen bei einer geplanten Neuorientierung das Wichtigste ist. Ist es …

… mehr Unabhängigkeit?
… mehr oder anderer Kontakt mit Menschen?
… ein Plus an Sicherheit?
… ein Plus an Einkommen?
… mehr Abwechslung?
… mehr Wirksamkeit?
… eine höhere Wertschätzung der eigenen Person und des eigenen Könnens?
… die eigene Kreativität freier zu entfalten?

Für wen die Freiheit ganz oben angesiedelt ist, der wird sich immer dann vehement zu befreien versuchen, wenn er sich von den »Ketten« äußerer Regularien und Sachzwänge eingeengt sieht. Für wen Sicherheit der höchste Wert ist, wird bevorzugt nach dem streben, was ihm diese zu garantieren verspricht.

Wichtig ist, dass wir diesen Schlüssel zu unserem Denken und Handeln kennen und unser Verhalten danach ausrichten. Unsere Werte formen unser Leben und stehen hinter den Entscheidungen, die wir treffen. Wer dem eigenen Wertefundament zuwiderhandelt, verbaut sich den Weg zur Lebenszufriedenheit.

Der eigenen Motivation können wir gut auf den Grund gehen, wenn wir uns die Frage stellen, was eigentlich »Erfolg« für uns bedeutet. »Erfolg« wird häufig mit »Reichtum«, »Karriere« oder »Ruhm« gleichgesetzt. Ein Irrtum. Manch einer steigt aus einem in diesem Sinne erfolgreichen Leben aus, macht etwas ganz anderes und fühlt sich, obgleich Karriere kein Thema mehr ist, das Einkommen nicht so hoch und die öffentliche Aufmerksamkeit gering ist, erfolgreicher als zuvor. Erfolg hat weniger mit Geld oder Ruhm als vielmehr mit dem persönlichen Gefühl von Erfüllung zu tun. Persönlicher Erfolg kann sich nur an einer persönlichen Messlatte für Erfolg messen; diese zeigt an, wie gut wir im Einklang mit unseren persönlichen Werten leben.

»Natürlich ist Geld wichtig«, sagt Patricia, »aber wenn ich mich nun frage, was mir wichtiger ist: Freiheit, so wie ich sie verstehe – draußen sein, die Natur erleben, viel selbst entscheiden und meine Tage mit viel Freude gestalten können bei einem eher bescheidenen Verdienst – oder andererseits viel Geld verdienen und einen Job haben, bei dem ich mich eingeengt und eingesperrt fühle ... keine Frage, welcher meiner Werte höher angesiedelt ist! Und Erfolg bedeutet für mich: Expertin sein, mich auskennen, anderen etwas zeigen können, positive Resonanz erfahren.«

»Ich habe erkannt, dass einer meiner zentralen Werte die Sicherheit ist«, sagt David, »das geschah etwas widerstrebend, ich geb's ja zu. Ich hatte immer so ein Bild von mir, dass ich abenteuerlustig bin, aber durch äußere Zwänge gehindert bin, zu tun, was ich gerne möchte. Heute sehe ich, dass die Entscheidung, in die Verwaltung zu gehen, nicht nur den Vorstellungen meines Vaters entsprach, sondern auch einem unterschwelligen Sicherheitsbedürfnis entgegenkam. Doch auf meiner Werte-Liste steht auch ›Gesehen werden‹ ziemlich weit oben. Als unser Trio kürzlich bei einer Ausstellungseröffnung spielte, erhielten wir überraschend viel Beifall. Unsere Musik ist bei den Gästen sehr gut angekommen. Das machte mich glücklich und ich spürte: Erfolg bedeutet für mich, bei anderen auf Resonanz zu treffen – und zwar speziell mit etwas, was ich selbst hervorbringe.«

Für Julia stehen die beiden Werte »Sinn« und »Geben« im Vordergrund: »Einfach das Bedürfnis, etwas zu bewegen, was andere dann für sich fruchtbar machen können. Impulse geben, Hilfe leisten. Dabei fühle ich mich sehr lebendig. Erfolg ist für mich, wenn ich sehe, dass meine Arbeit einen ganz konkreten Nutzen hat.«

In Patricias Freiheitsorientierung und Davids Wunsch, auf Resonanz zu treffen, erkannte ich auch ein Stück weit meine eigene Werteordnung wieder, auch in Julias Bedürfnis, einen konkreten Nutzen bieten zu können. Viele meiner eigenen Entscheidungen sind vom Wunsch nach Unabhängigkeit geprägt und auch vom Bedürfnis, viel von dem, was ich in meinem Leben gelernt und erfahren habe, weitergeben zu können.

Unsere Werte bestimmen, wovon wir träumen und wie wir Erfolg definieren. Wer klar vor Augen hat, was ihn eigentlich antreibt und was ihm wichtig ist, der tut sich leichter damit, seine Kräfte auf die Dinge zu konzentrieren, die ihm im Leben am wichtigsten sind. Daher gibt es nicht *die* richtige Entscheidung. Sondern jeder entscheidet auf Grundlage seiner persönlichen Werte – bewusst oder unbewusst. Was für den einen goldrichtig ist, kann für den anderen ein Irrweg sein. Je genauer wir uns selbst kennen und wissen, was uns glücklich und was uns unglücklich macht, desto einfacher wird es auch, sich in der Fülle der Möglichkeiten stimmig zu orientieren. Wie wichtig ein Vorhaben für uns ist, hängt stark von unseren individuellen Werten ab. Wir können Fragen zu unseren Wünschen und Sehnsüchten, Vorhaben und Projekten formulieren, die sich direkt auf unser persönliches Wertefundament beziehen. Wenn Ihnen beispielsweise wie Patricia Freiheit besonders wichtig ist, können Sie sich fragen: »Wird dieses Vorhaben mich freier und unabhängiger machen?« Oder wenn die Sicherheit im Vordergrund steht: »Wird dieses Vorhaben dazu beitragen, mich besser abzusichern oder mich sicherer zu fühlen?«

Übung 17: Was bedeutet Erfolg für mich?
Betrachten Sie nun noch einmal die Top Ten Ihrer Werte. Prüfen Sie die Felder, in denen Sie Ihren Werten entsprechend leben, und jene, wo es Diskrepanzen gibt zwischen beruflichen oder privaten Anforderungen und dem, was Ihnen selbst wichtig ist.

Fragen Sie sich dann, was in Ihren Augen wirklichen Erfolg ausmacht. Erfolg, der Sie zufrieden und glücklich stimmt. Was müssen Sie erreichen, verwirklichen, hervorbringen, damit Sie sich erfolgreich fühlen können?

Lassen Sie dabei landläufige Vorstellungen von Erfolg außen vor. Richten Sie sich nur nach Ihrem Gefühl. Schreiben Sie sich die fünf wichtigsten Faktoren auf, an denen Sie Ihren persönlichen Erfolg festmachen. Was ruft in Ihnen das Gefühl hervor, erfolgreich zu sein?

Patricia:
- mich als Profi erleben in dem, was ich liebe zu tun
- einen Sachverhalt oder einen Zusammenhang begreifen, Aha-Erlebnisse
- zu wissen, dass andere schätzen, was ich tue – auch finanziell
- Nachfrage nach dem, was ich anbiete
- Gefühl des Einklangs zwischen meiner Vorstellung und der Realität

David:
- Gefühl persönlicher Wirksamkeit, positive Resonanz bei anderen
- Anerkennung
- gute Freunde haben
- meinen eigenen Ansprüchen genügen
- kreativ sein

Julia:
- einen Sinn spüren in dem, was ich tue
- jemandem etwas geben können
- positive Rückmeldungen
- andere glücklich sehen aufgrund von etwas, was ich getan habe
- jemandem etwas bedeuten

Sigrid:
- gute Einfälle haben, mich als kreativ erleben
- große Nachfrage nach dem, was ich anbiete
- Wertschätzung von Lesern, Klienten und Teilnehmenden an meinen Seminaren erfahren
- gutes Einkommen
- Gefühl von Sinn und Erfüllung

Die 10-Punkte-Wunschliste

Den eigenen Lebensträumen auf die Spur zu kommen, sich in der Fantasie in mögliche Zukunftsszenarien hineinzuversetzen und das persönliche Wertefundament zu reflektieren lässt uns deutlicher erkennen, wo wir uns »falsch« fühlen und was künftig anders zu handhaben ist. Die nachfolgenden Übungen unterstützen Sie dabei, noch besser zu erkennen, worum genau es Ihnen geht. Sie brauchen dazu etwa eine halbe Stunde Zeit, einen Stift und drei Blatt Papier.

Übung 18: Überdruss artikulieren

Nehmen Sie den Stift und das erste Blatt Papier zur Hand und notieren Sie unter der Überschrift »Das will ich nicht mehr« alles, was Ihnen durch den Kopf geht, auf Ihre aktuelle Situation bezogen – wiederum ohne gleich die Schere im Kopf in Gang zu setzen, ob Sie das überhaupt »nicht mehr wollen dürfen«. Schreiben Sie einfach, wie Sie es empfinden, und schreiben Sie so lange, bis Ihnen nichts mehr einfällt. Die wichtigsten Dinge unterstreichen Sie.

Das zweite Blatt erhält die Überschrift »Das will ich längerfristig gesehen nicht mehr« und hier finden all die Dinge Platz, die für eine Veränderung längere Zeit in Anspruch nehmen. Wenn sich darin auch Dinge aus der ersten Liste wiederfinden: kein Problem. Unterstreichen Sie auch auf dieser Liste die Dinge, die Ihnen besonders wichtig erscheinen.

Lesen Sie dann beide Listen noch einmal durch und ergänzen Sie sie gegebenenfalls um weitere Einträge.

Nach einer kurzen Pause machen Sie gleich weiter:

Übung 19: Das Bedürfnis ins Positive wenden
Wenn Sie nun genau benennen können, was Sie nicht mehr wollen – sei es kurzfristig, sei es langfristig betrachtet –, dann stellt sich natürlich unweigerlich die Frage: Was will ich stattdessen? Dabei befinden wir uns immer noch auf der Ebene des Wünschens und stellen uns (noch) nicht die Frage, wie sich Wünsche verwirklichen lassen, davon erst später mehr.

Übertiteln Sie also das dritte Blatt mit »Was ich stattdessen will« und wenden Sie sich den Punkten zu, die Sie auf beiden Blättern unterstrichen hatten. Patricia wollte nicht mehr als Verkäuferin arbeiten, stattdessen wollte sie sich zur Rangerin ausbilden lassen und dann mit Besuchergruppen in der freien Natur arbeiten. Ich selbst wollte nicht mehr das Grafikdesign als einziges Betätigungsfeld haben und damit wirtschaftlich völlig abhängig von den Entscheidungen meiner Auftraggeber sein. Stattdessen wollte ich mit der Ausbildung zur Trainerin und später zum Coach dem ersten Berufszweig ein zweites Standbein an die Seite stellen.

So lässt sich bei allen Punkten, die unter »Was ich nicht mehr will« stehen, durch die Wendung ins Positive der dahinter verborgene Zukunftswunsch aufspüren. Nehmen Sie sich also zunächst die unterstrichenen Sätze vor und wenden Sie sie. Falls Sie nun mehr als zehn wichtige veränderungswürdige Punkte auf dem dritten Blatt stehen haben, filtern Sie die zehn wichtigsten, positiv formulierten Wünsche heraus.

Meilenstein 4:
Neue Ziele, neue Wege

Wenn wir uns darüber klar geworden sind, was uns antreibt und was uns erstrebenswert erscheint, ist der nächste Schritt, auszuloten, welche Wege es gibt, das Ersehnte Wirklichkeit werden zu lassen. Wo es bisher um Träume und Wünsche ging und wir die Richtung erkannt haben, in die sich unsere Sehnsüchte bewegen, wird es jetzt konkret.

Dieses Kapitel ist der Frage gewidmet, wie wir aus den erkannten Träumen und Wünschen handhabbare Ziele machen können, wie wir ihnen am besten eine Form geben, die mit unserem inneren Anliegen kompatibel ist. Sie erfahren, was es braucht, sie »SMART« zu formulieren und in konkrete Vorhaben münden zu lassen.

Menschen, die sich auf ihrem Lebensweg neu orientiert haben, sagen häufig, sie hätten eine ganz klare Vorstellung davon entwickelt, was sie verwirklichen wollen, und hätten dann diese Zielvorstellung immer fest im Blick gehabt.

Wie wir in der Beschäftigung mit unseren Werten erkannt haben, stehen nur wenige Geschehnisse unseres Lebens zusammenhanglos nebeneinander. Alles hat einen Grund und baut auf bestimmten Denk-, Fühl- und Handlungsmustern auf.

Bei Patricia stand hinter ihrer Rastlosigkeit das Muster »Dem entkommen, was mich einzuengen droht«. Bei Julia war es das Bedürfnis, etwas zu tun, was dazu diente, das Leben anderer positiv zu verändern. David musste sein Sicherheitsbedürfnis erkennen und es sich ohne Groll zugestehen. So ließ sich sein Wunsch nach mehr Kreativität in seinem Leben in einer Weise umsetzen, die mit diesem Bedürfnis vereinbar war.

Bei mir selbst war es so, dass mich vieles in meinem Leben in die Richtung »Anderen Mut machen« gelenkt hat. In der Schule, im Studium, im Berufsleben. Ich konnte machen, was ich wollte – letztlich kam ich immer wieder darauf zurück. Bis ich schließlich das Betätigungsfeld gefunden hatte, wo ich dies am intensivsten leben konnte und kann.

Ziele gibt es in allen Größenordnungen

Bei Patricia bedeutete der »richtige Platz« eine völlige Neuorientierung. Bei mir selbst stand ein Verlagern von Schwerpunkten im Vordergrund, bei David und Julia ging es darum, einer Sehnsucht Ausdruck zu verleihen, die im aktuellen beruflichen Tätigkeitsfeld nicht gelebt werden konnte. Die Frage des »richtigen Platzes« stellt sich für jeden anders und dies prägt natürlich das Formulieren unserer persönlichen Ziele und den Weg, den wir einschlagen, um die Ziele zu erreichen.

Ziele strukturieren unser Leben. Anders als bloße Wünsche geben sie uns Halt, Struktur und Richtung. Um selbstbestimmt die Initiative zur Veränderung ergreifen zu können, müssen wir uns möglichst deutlich vorstellen können, wie es sein wird, wenn wir unsere Vorstellung verwirklicht haben (siehe Übung 13, Seite 69).

Wünsche und Träume spiegeln einen ersehnten Zustand wider; ein Ziel, das wir uns bewusst setzen, erfordert es hingegen, sich auch Gedanken über den Weg dahin zu machen. Es ist notwendig zu wissen, was wir wann und in welcher Abfolge tun müssen, um da hinzukommen, wo wir hinwollen. Beim Wünschen und Träumen können wir ganz passiv bleiben, so, als würden wir uns einen schönen Film anschauen. Ein Ziel aber fordert uns zum Handeln auf: Es fordert von uns, einen denkbaren Weg zu finden, um das, was wir uns vorstellen, Wirklichkeit werden zu lassen. Auch in den Fällen, wo wir keinen Einfluss auf die Verwirklichung unserer Vorstellung nehmen können, handelt es sich nicht um ein Ziel, sondern wiederum lediglich um einen Wunsch. Wenn unser Ziel völlig von der Gunst oder den Entscheidungen anderer abhängt oder vom Glück, vom Zufall oder vom Schicksal, liegt seine Umsetzung nicht in unserer Hand. Ein Ziel *muss* durch uns selbst und durch eigene Aktivitäten erreichbar sein.

Ziele sind Wegweiser. Sie unterstützen unsere Klarheit bei vielen Entscheidungen und zeigen uns, in welche Richtung wir uns bewegen sollen. Ohne zu wissen, was wir wollen, ist die Gefahr viel größer, dass unser Leben von den Interessen anderer oder von Geschehnissen in unserer Umgebung bestimmt wird. Dies hatte ja auch dazu geführt, sich »falsch« zu fühlen und sich nun auf die Suche nach dem »Richtigen« zu machen. Andernfalls reagieren wir auch weiterhin vorrangig auf das, was gerade in unserer Umgebung geschieht, und verlieren das, was wir für uns als wichtig erkannt haben, wieder aus den Augen. Wenn wir klar vor Augen haben, was wir verwirklichen wollen, können wir viel bestimmter unseren eigenen Weg gehen und es fällt uns leichter, ein Nein zu Anliegen und Forderungen zu formulieren, die uns von unserem Vorhaben ablenken oder in eine andere Richtung lenken würden. Wenn wir wissen, was wir wollen, und es ernst damit meinen, dann werden wir – bewusst und unbewusst – darauf hinarbeiten. Wenn das *Warum* stark genug ist, werden wir immer ein *Wie* finden. Erst wenn Sie ein starkes Motiv in sich spüren, erst wenn Sie genau wissen, warum eine Veränderung jetzt das Richtige ist, kann Ihre Zukunftsvorstellung ausreichend »Feuer« entwickeln, um auf Umsetzung zu drängen. Je klarer uns unsere Gründe sind, desto mehr Energie werden wir bereit sein, in den Weg zum Ziel zu investieren.

Und dann macht es uns glücklich und zufrieden, wenn wir uns Schritt für Schritt auf das zubewegen, von dem wir wissen, dass es uns zur Erfüllung einer tief empfundenen Sehnsucht führt. Dazu ist es auch wichtig, dass wir überprüfen können, ob wir uns in die richtige Richtung bewegen, sodass wir dem, was wir uns ersehen, tatsächlich näher und näher kommen.

Der Erfolg unseres Vorhabens hängt von vielen Faktoren ab: von unseren Fähigkeiten und unserer Ausdauer, von glücklichen Zufällen und Begegnungen, von unserer Bereitschaft, Chancen wahrzunehmen, von unserer Risikofreudigkeit. Nicht zuletzt auch von der genauen Formulierung dessen, was wir wollen, und einem guten Plan zur Umsetzung.

Wir haben keine Garantie, ob das, was wir uns vornehmen, Erfolg haben wird – doch wir können das unsrige dazu tun, die *Erfolgswahrscheinlichkeit* zu erhöhen. Es macht einen Unterschied, ob wir beispielsweise einen bestimmten Anruf aus Angst vor einer Ablehnung unterlassen, weil eben Akquise »nicht unser Ding ist«, oder ob wir es trotz dieser Angst tun, weil uns das Ziel wichtiger ist als die Frage nach momentanen Vorlieben und Abneigungen. Wenn beispielsweise eine Freiberuflerin bei einem potenziellen Kunden anruft, mit dem sie auf einer Messe Visitenkarten getauscht hat, erhöht sie die Wahrscheinlichkeit auf eine positive Resonanz. Natürlich kann sie sich trotzdem einen Korb holen. Doch wenn sie nicht anruft, sondern wie Dornröschen auf den Prinzen wartet, verschenkt sie damit die Chance, Erfolg zu haben. Es ist nicht dramatisch, abgelehnt zu werden. Dramatisch ist im Grunde nur, gar nicht erst aktiv geworden zu sein.

Das Ziel muss es wert sein

»Ich würde schon gerne, aber ich kann doch nicht einfach …« ist ein häufig formulierter Satz für das Aufschieben gerade der Dinge, die einem selbst wichtig sind. Nicht können oder nicht wollen? Der Unterschied zwischen »Nicht können« und »Nicht wollen« ist ganz einfach: Es gibt nur Weniges, was Sie tatsächlich nicht können, weil es faktisch vollkommen unmöglich ist, es zu tun, und es auch dann nicht möglich wäre, wenn Sie über die erforderliche Zeit, das nötige Geld oder was immer Sie dafür einsetzen müssten, verfügen würden. Es geht nicht, weil Sie unabdingbare Voraussetzungen nicht erfüllen. Beispielsweise ab einem bestimmten Alter eine bestimmte Laufbahn nicht mehr einschlagen zu können wäre ein solches »Nicht können«. Gesundheitliche Einschränkungen wären also ein Grund. Oder es fehlen wesentliche Fähigkeiten oder Möglichkeiten, um ein bestimmtes Ziel zu erreichen. Das sind Grenzen, die zu akzeptieren sind. Es gibt Gegebenheiten, die sich, auch wenn wir es noch so sehr wollen, nicht außer Kraft setzen lassen. Solche Grenzen gilt es zu akzeptieren, zumindest für den Augenblick.

Manche dieser Grenzen können sich mit der Zeit auch verändern. Ihr Gesundheitszustand kann sich verändern. Die Zugangsvoraussetzungen für bestimmte Ausbildungsmöglichkeiten können sich verändern. Zuverdienstgrenzen können sich verändern. Starthilfen für Firmengründer können sich verändern. Was in den zurückliegenden Jahren noch unmöglich war, kann in den Bereich des Machbaren rücken.

Doch in den meisten anderen Fällen, in denen wir gerne äußere Umstände oder andere Menschen dafür verantwortlich machen, warum wir etwas »nicht können«, geht es eigentlich um ein »Nicht wollen«. Vielleicht haben Sie sich selbst auch schon dabei ertappt, wie häufig Ihnen ein »Ich muss ...« über die Lippen kommt. Sprache bildet immer auch unser Denken ab. »Ich muss ...« signalisiert, keine Wahl zu haben. Natürlich gibt es einiges, was wir tatsächlich tun *müssen*. Meist sind es jedoch nur wenige Dinge, zu denen wir als erwachsene Menschen tatsächlich gezwungen sind. Es mag negative Konsequenzen nach sich ziehen, etwas zu unterlassen, dennoch können wir uns im Prinzip dafür oder dagegen entscheiden.

Wir »müssen« und »können nicht« – wegen der Familie, wegen des Einkommens, wegen aller möglicher Sachzwänge. Korrekter wäre es, zu sagen: »Ich will mich (jetzt) nicht dafür entscheiden, einen anderen Weg als den bisherigen einzuschlagen, weil die Vorteile in meiner jetzigen Situation eindeutig überwiegen.« Das ist völlig legitim. Ich hätte meine Entscheidung, nach Berlin zu ziehen, auch nicht zu einem Zeitpunkt getroffen, wo ich noch familiäre Verantwortung getragen hatte oder wenn ich mich hätte verschulden müssen, um diesen Wunsch zu verwirklichen. Dies war dann kein »Ich kann nicht«, sondern ein »Ich will nicht, solange wesentliche Voraussetzungen dafür noch nicht erfüllt sind«. Das macht einen Unterschied. Bei der bewussten Entscheidung, loszulegen oder noch damit zu warten, spielt auch unser Wertefundament wieder eine große Rolle.

Es gilt also das, was Sie sich vorstellen, sorgfältig auf seine Übereinstimmung mit Ihren Werten und auf seine Umsetzbarkeit hin zu prüfen. Dazu gehört auch, sich bewusst zu machen, ob ein Vorhaben vielleicht nur auf Kosten anderer, bereits erreichter Ziele verwirklicht werden kann. Sie müssen einschätzen, welche Vorteile des jetzigen Lebens Sie aufgeben und loslassen müssen und welche Risiken Sie bereit sind einzugehen. Fragen Sie sich, was das Wesentliche an Ihrem Vorhaben ist. Wo können Sie es variieren oder auch reduzieren, wenn es mit anderen wichtigen Werten in Ihrem Leben nicht kompatibel ist? Hier im

Vorfeld sorgfältig abzuwägen erspart so manche Enttäuschung.

So kann es dann auch viele Gründe geben, aus denen heraus wir uns gegen die Verwirklichung eines Traumes oder eines Wunsches entscheiden, und das ist völlig in Ordnung. Es ist ebenso in Ordnung, wenn die Abwägung ergibt, dass der Wunsch stärker ist als die vermuteten Einschränkungen und wir den neuen Weg dann einschlagen.

Wichtig ist, ein echtes »Ich kann nicht« von einem »Ich will nicht« zu unterscheiden, um nicht andere Menschen oder »das Schicksal« für das eigene Zaudern verantwortlich zu machen. Stehen Sie vielmehr dazu, sich für oder gegen bestimmte Optionen zu entscheiden. Bemänteln Sie dies nicht mit der Behauptung, etwas »nicht zu können«. Auch wenn es bitter ist, zu entscheiden, einen Traum derzeit nicht in ein Ziel zu verwandeln, weil vieles dagegenspricht – so ist es doch eine Entscheidung und kein passives Erleiden.

Nur weil Ihr Wunsch oder Ihr Traum ein großes, anspruchsvolles Ziel hervorgebracht hat, das zunächst sehr weit entfernt erscheint, muss es deswegen nicht unrealistisch sein. Große Ziele brauchen aber entsprechend große Zeitvorgaben zu ihrer Verwirklichung. Wenn Sie den Anspruch haben, eine große Veränderung schon in kurzer Zeit zu bewerkstelligen, stressen und entmutigen Sie sich damit nur selbst – völlig unnötig. Ein zu ehrgeiziger Zeitplan führt dazu, wichtige Aspekte der Zielverwirklichung zu vernachlässigen, und erhöht die Gefahr, mit dem Vorhaben zu scheitern. Niemand drängt Sie, ein großes Vorhaben schon morgen zu erreichen. Je größer Ihr Vorhaben ist und je weitreichender die Konsequenzen für andere Bereiche Ihres Lebens sind, desto höher ist, bildlich gesprochen, auch der Berg, den Sie dann zu erklimmen haben. Und je schneller Sie es verwirklichen wollen, desto steiler und anstrengender gestaltet sich der Weg dahin. »Der Weg ist das

Ziel«, wusste schon Konfuzius. Wenn Sie nicht nur das Ziel fixieren, sondern auch etwas vom Weg dahin haben wollen, sind Sie gut beraten, sich Zeit zu lassen – schließlich ist es Ihre Lebenszeit, die Sie nun dafür verwenden, umzusetzen, wovon Sie bislang nur geträumt haben. Dabei ist es weniger wichtig, so schnell wie möglich dort hinzukommen, als vielmehr, in der richtigen Richtung unterwegs zu sein und auch den Weg zur Verwirklichung bewusst zu erleben und zu genießen.

Wie aus einem Traum ein Ziel wird

Betrachten Sie nun Ihre Kärtchen mit den Zukunftsträumen, die Sie formuliert haben (siehe Seite 71), und vergegenwärtigen Sie sich dabei auch Ihre vorrangigen Werte (siehe Seite 78). Richten Sie sich dabei ganz nach Ihrem Gefühl. Der Zukunftstraum, der das stärkste positive Gefühl auslöst, ist der, der auch die größte Energie zur Verwirklichung freisetzt. Ein Traum, von dem Sie keine konkrete Vorstellung zur Verwirklichung entwickeln, bleibt nebulös und aktiviert Ihre Kräfte nicht. Deswegen ist es wichtig, sich deutlich vorzustellen, was nach der Umsetzung des Vorhabens anders sein wird als zuvor. Nur wenn diese Veränderung in Ihren Augen – und vor allem nach Ihrem Gefühl – genug Strahlkraft hat, ist auch die Motivation zur Umsetzung entsprechend hoch.

Entscheiden Sie sich nun bewusst für diejenige Vorstellung aus Ihren Zukunftsträumen, die Ihnen spontan als am verlockendsten erscheint *und* die mit Ihren wesentlichen Werten im Einklang steht.

Übung 20: Zukunftsreise, konkretisiert

Steigen Sie noch einmal mental in Ihren Zukunftstraum ein. Stellen Sie sich die Situation in der Zukunft vor, in der Sie das erreicht haben, was Sie sich ersehnen.

- Wie wird es sein, wenn Sie das verwirklicht haben, was Sie anstreben?
- Wenn Ihre Vorstellung Wirklichkeit geworden ist, wie werden Sie sich dann fühlen?
- Was bedeutet das für Sie?
- Was nehmen Sie wahr?
- Was hören Sie, was sehen Sie?
- Welche anderen Menschen sind da?
- Worauf genau sind Sie jetzt vielleicht auch stolz?
- Was löst Freude aus?
- Was werden Sie tun können, wenn Sie Ihren Zukunftstraum in die Realität umgesetzt haben?
- Was genau macht den Unterschied zum Jetzt aus?

Beschreiben Sie die Vorstellung, die Sie ausgewählt haben, und die Veränderungen, die Sie sich davon versprechen, so plastisch und anschaulich wie möglich. Achten Sie dabei auch auf Ihr Körpergefühl, spüren Sie in Ihre Haltung, Ihre Mimik und Gestik hinein, während Sie sich der vorgestellten Umsetzung Ihres Zukunftstraums widmen.

Formulieren Sie nun drei triftige Gründe dafür, weshalb es wichtig für Sie ist, Ihre Vorstellung zu realisieren.

»Ich will diesen Traum Wirklichkeit werden lassen,

1. weil ...
2. weil ...
3. weil ...«

In den Gründen spiegeln sich die für Sie wesentlichen Werte wider. Sind diese stark und strahlkräftig, wird die Vorstellung entsprechend mit Energie aufgeladen.

Fragen Sie sich nun, als wie bedeutungsvoll Sie die angestrebte Veränderung für sich selbst und Ihre Zukunft einschätzen. Messen Sie Ihre Einschätzung auf einer Skala von 1 bis 10.

1 bedeutet so viel wie »Hat kaum Bedeutung«, 10 steht für »Das ist außerordentlich wichtig für mich«. Auch bei dieser Einschätzung verlassen Sie sich ganz auf Ihr Gefühl. Ihr Zukunftstraum sollte einen Wert erreichen, der über 7 liegt, damit Sie auch über längere Zeit hinweg genügend Durchhaltekraft entwickeln, die Vorstellung zu verwirklichen.

Ziele SMART definieren

Sobald Sie spüren, dass Ihr Zukunftstraum sich stark und stimmig anfühlt, geht es um eine schlüssige Formulierung, die das, was Sie sich vorstellen, in klare Worte fasst. Fassen Sie Ihr Ziel in Worte. Prüfen Sie dann mittels der von den Arbeitspsychologen Edwin Locke und Gary Latham (1990) im Rahmen ihrer Zielsetzungstheorie entwickelten SMART-Methode, ob der sprachliche Ausdruck Ihres Zukunftstraums die folgenden Voraussetzungen erfüllt:

1. S = spezifisch
   Das Ziel sollte als ein Annäherungsziel formuliert sein: Sie legen präzise dar, was genau Sie erreichen wollen, statt zu schreiben, was Sie nicht oder nicht mehr wollen.
2. M = messbar
   Das Ziel sollte messbar sein. Dazu fragen Sie sich, woran Sie erkennen, dass Sie Ihrem Ziel näherkommen, beziehungsweise was gegeben sein muss, wenn Sie es erreicht haben.
3. A = attraktiv
   Das Ziel sollte eine große Anziehungskraft für Sie haben

– denken Sie an die Skala in der vorangegangenen Übung.
4. R = realistisch
Das Ziel sollte erreichbar für Sie sein. Steigen Sie dabei mit Augenmaß ein, statt das Vorhaben zu ehrgeizig zu formulieren. Ihr Vorhaben sollte durch eigene Aktivität realisiert werden können und nicht daran geknüpft sein, dass jemand anderes sich oder sein Verhalten ändern muss.
5. T = terminiert
Das Ziel sollte ein Zeitlimit haben. Schätzen Sie ein, wie lange es dauern wird, bis Sie Ihr Vorhaben umgesetzt haben. Wichtig ist, dass Sie Ihr Zeitlimit nicht zu knapp bemessen, sondern sich genügend Spielraum zugestehen, sodass Sie nicht nur Ihr Ziel, sondern auch den Weg dahin genießen können.

Wenn Sie Ihr Ziel in dieser Weise geprüft und formuliert haben – spezifisch, messbar, attraktiv, realistisch und terminiert –, ist die Vorstellung dessen, was Sie wollen, sehr viel konkreter geworden. Sie haben jetzt eine klare und gleichzeitig auch im Bereich des Möglichen liegende Zielvorstellung vor sich, der Sie nun Schritt für Schritt entgegengehen können. Wir sind besonders motiviert, wenn wir uns »aus uns selbst heraus« ein Ziel setzen und bereit sind, zu lernen, zu wachsen und neue Erfahrungen zu machen. Dann haben wir auch besonders viel Energie für den Veränderungsprozess. Jetzt gilt es, Chancen zu erkennen und zu nutzen und das, was wir anstreben, auch umzusetzen.

Meist ist es eine Mischung zwischen der Erfüllung eigener Ansprüche und dem Erfüllen von Wünschen und Erwartungen anderer, was uns das Gefühl gibt, erfolgreich zu sein in dem, was wir tun. Wenn wir uns einseitig am Außen orientieren – also an dem, wovon wir glauben, dass es von uns erwartet wird –, verlieren wir das aus den Augen, was uns selbst wichtig ist. Doch es kann auch nicht die Lösung sein, nun, beseelt vom Drang, »sein eigenes Ding zum machen«, ohne Rücksicht auf Verluste mit dem Kopf durch die Wand zu gehen. Vielmehr geht es darum, die für uns selbst stimmige Balance zwischen dem eigenen Wollen und den Erwartungen anderer zu finden.

Risiken, Einwände und Hindernisse

In einem Entscheidungsprozess sollten wir nicht unterschätzen, dass es bewusste oder uns auch nur halb bewusste Einwände und Bedenken geben kann, die uns zögern lassen. Wenn wir sie einfach ignorieren, während wir uns auf den Weg machen, können sie unseren Elan erheblich bremsen. Vielleicht setzt das nicht gleich bei den ersten Schritten ein, aber spätestens dann, wenn wir in einer Phase sind, wo unser Projekt mal ins Stocken gerät, über längere Zeit nichts voranzugehen scheint oder ein unerwartetes Hindernis aufgetaucht ist.

In einem Veränderungsprozess gibt es in der Regel weit weniger Sicherheiten, als wenn wir einfach weitermachen würden wie gehabt. Es ist klar, dass wir nur dann neue Erfahrungen machen können, wenn wir bereit sind, über das bisher Gewohnte hinauszugehen. Wann immer wir etwas wollen, wird uns das etwas kosten: Mut, Zeit, Geld, Energie … Das ist die eine Seite. Die andere ist, dass es im Falle eines Scheiterns dann auch bedeuten kann, das Investierte zu verlieren und schlechter als zuvor dazustehen. Wenn wir ein Wagnis eingehen, dürfen wir also die Möglichkeit des Misslingens nicht außer Acht lassen.

Daher gehört zu einer realistischen Beurteilung unseres Vorhabens auch, nicht nur Möglichkeiten und Zeitrahmen für die Umsetzung des Vorhabens gut einzuschätzen, sondern auch, vor der Entscheidung mögliche Risiken sorgfältig zu prüfen. Was wir im Vorfeld tun können, ist, uns dieser möglichen Risiken bewusst zu sein und sie, wo es möglich ist, zu minimieren – ganz ausschalten können wir sie meist nicht.

Die Psychologin Dolores Albarracin von der University of Illinois in Urbana-Champaign hat zusammen mit zwei Kollegen herausgefunden, dass skeptisches Hinterfragen des eigenen Vorhabens im Sinne von »Schaffe ich das?« oft Erfolg versprechender ist als bloßes Sich-Anfeuern nach dem Motto »Ich schaffe das!«. Eine offene Auseinandersetzung mit den Fußangeln des eigenen Vorhabens aktiviert die Fähigkeit, lösungsorientiert zu denken und zu handeln.

Wenn wir die Risiken ausblenden, tun wir uns damit keinen Gefallen. Vielleicht befürchten wir, die Beschäftigung mit möglichen Stolpersteinen könnte unsere Motivation trüben. Doch eher das Gegenteil ist der Fall. Wenn wir es vermeiden, uns mit dem zu beschäftigen, was unserem Ziel entgegensteht, bleibt ein diffuses Unbehagen, das zu Zögerlichkeit einerseits oder unbedachtem Handeln andererseits führen kann.

> **Übung 21: Das Ziel auf Schwachstellen abklopfen**
> Klopfen Sie im Vorfeld Ihrer Entscheidung Ihr Ziel kritisch auf Risiken und mögliche Schwachpunkte ab. Wenn Sie sich im Vorhinein einige Fragen stellen und Antworten darauf finden, ist dies ein Prüfstein dafür, wie ernst es Ihnen mit dem Vorhaben ist.
>
> - Was müssen Sie für Ihr Ziel an Zeit, Geld oder Arbeit investieren?
> - Was sind Sie konkret bereit dafür tun, um Ihr Vorhaben zu verwirklichen?
> - Welche möglichen Nachteile müssten Sie in Kauf nehmen, wenn Sie Ihr Ziel erreichen wollen? Mit welchen Hindernissen müssen Sie eventuell bei den einzelnen Schritten der Umsetzung rechnen?

- Verfügen Sie über genügend Wissen in Bezug auf Ihr Vorhaben?
- Welche Informationen brauchen Sie gegebenenfalls noch, um gangbare Wege zu Ihrem Ziel zu erkennen? Wo finden Sie diese Informationen? Wer oder was kann Ihnen hier weiterhelfen?
- Welche anderen Lebensbereiche werden von der Veränderung betroffen? Was muss eventuell im Umfeld berücksichtigt werden?
- Welche Probleme müssen vielleicht zunächst noch gelöst werden?
- Was hat Priorität, was ist weniger wichtig?
- Können Sie schon eine zeitliche Folge der einzelnen Schritte erkennen?
- Was könnten Sie verlieren oder müssten Sie aufgeben, wenn Sie dieses Ziel erreichen wollen?
- Für welche Personen in Ihrem persönlichen Umfeld hat es Vorteile und für welche hat es Nachteile, wenn Sie Ihr Ziel erreichen? Welche Bedeutung haben diese Personen für Sie?
- Was könnte Sie daran hindern, Ihr Ziel zu erreichen? Was könnte schief gehen? Wo liegen mögliche Risiken und Stolpersteine?
- Was gilt es künftig zu unterlassen, weil Sie sich dadurch von Ihrem Ziel entfernen?
- Was hat es für Vorteile, wenn Sie Ihr Ziel *nicht* erreichen?

Prüfen Sie Ihr Vorhaben anhand dieser Fragen. Wie ist nun Ihr Gefühl, wenn Sie an Ihr Ziel denken? Haben Sie sich durch die kritische Prüfung nochmals in Ihrem Vorhaben bestärkt oder sind Zweifel aufgekommen, die sich nicht so leicht ausräumen lassen?

Vielleicht stellen Sie auch fest, dass Ihnen noch einige Informationen zur Umsetzung fehlen, oder dass die Auswirkungen auf Ihr Umfeld größer sind, als Sie auf den ersten Blick vermuteten. Lassen Sie sich Zeit damit, die Fragen zu beantworten. Vor allem die letzte Frage kann sehr aufschlussreich sein, denn sie weist auf das hin, was sich, unhinterfragt, als diffuser innerer Widerstand auf dem Weg zum Ziel gezeigt hätte.

Patricia hatte eine zwiespältige Haltung dazu, sich mit den Stolpersteinen auf dem Weg zu Ihrem Ziel zu beschäftigen: »Ich war eigentlich in erster Linie total froh, endlich etwas gefunden zu haben, was ich unbedingt wollte. Lieber heute als morgen. Ich befürchtete, es könnte mich entmutigen, mich mit irgendwelchen Wenns und Abers auseinanderzusetzen. Sodass ich meinen Traum wieder einstampfen würde, noch bevor ich mich überhaupt auf den Weg gemacht hatte. Doch dann dachte ich zurück an den Laden. Diese Entscheidung hatte ich völlig unbedacht getroffen – Idee war da, Geld war da, fertig. Nach dem Motto: Wird schon werden. Es wurde nicht. Aus dieser Erfahrung habe ich gelernt. Also habe ich mir – zwar widerstrebend, aber doch einsichtig – kritische Gedanken um die Umsetzung meines Ziels gemacht. Habe mich immer wieder gefragt: ›Was mache ich, wenn ...‹ Diesmal war ich zudem nicht in der komfortablen Lage, Geld zu haben, sondern musste es auf die Reihe kriegen, neben dem Job eine Ausbildung durchzuziehen, und bereit sein, für einige Zeit meinen Lebensbedarf sehr einzuschränken. Doch je mehr ich mich mit dem ›Preis‹ für mein Ziel beschäftigte, desto mehr wuchs in mir die Überzeugung, dass meine Motivation mich tragen und ich es schaffen würde.«

»Ich dachte, mir solche Fragen nicht stellen zu müssen«, sagt Julia, »denn es ging ja schließlich nicht um Sein oder Nichtsein. Ich wollte meinen Job nicht aufgeben, sondern ›nur‹ etwas tun, von dem ich fühlte, dass es für mich wichtig ist. Also brauchte ich keinen Businessplan und musste mir keine Gedanken um Finanzierung machen. Doch ich hätte nie mit einem solch heftigen Gegenwind gerechnet. Meine Familie, meine Kolleginnen und Kollegen, der Freundeskreis – die fanden das alle einfach nur überspannt. Keiner wollte es mir tatsächlich ausreden, nein, die Reaktionen waren eher subtil, aber doch eindeutig: ›Mama hat jetzt einen Sozialtick‹, ›Julia will die Welt retten‹, ›Ja, schon wieder eine, die zum Gutmenschentum konvertiert ist.‹ Alles mit einem Lächeln, aber es hat mich trotzdem geschmerzt. Aber nicht lange. ›Da musst du jetzt durch‹, dachte ich mir.«

Julia ist mit ihrer Erfahrung nicht alleine. Eine Neuorientierung stößt oft nicht auf die erhoffte positive Resonanz, sondern auf Skepsis, Kritik und Ablehnung. Rechnen Sie also nicht mit Lob und Beifall. Sie sind als Begleiter eines Veränderungsprozesses eher selten. Oft weckt ein Richtungswechsel Neid und Ängste in unserem Umfeld. Manch einer würde ja auch gerne … und traut sich nicht.

Wer bislang gewohnt war, sich stark an den Erwartungen anderer zu orientieren, tut sich oft schwer damit, den eigenen Wünschen und Vorstellungen zu folgen. Schnell macht sich das Gefühl breit, eigentlich nicht wirklich zu »dürfen«, und dies kann den eigenen Elan sehr abbremsen. Oft sind diese inneren Bremsen irrational oder entstammen alten Glaubenssätzen aus Kindheit und Jugend. Um diese entschärfen zu können, ist es zunächst wichtig, sie aufzudecken.

> **Übung 22: Innere Widerstände ausleuchten**
> Vergewissern Sie sich, dass Sie Ihr Ziel ohne oder nur mit einem Minimum an inneren Widerständen anstreben. Schlagen Sie Ihre Notizen auf, die Sie sich zu Ihren Wünschen und Zielen gemacht hatten. Wählen Sie die

Zukunftsvorstellung aus, die für Sie am verlockendsten ist, und finden Sie mindestens zehn Argumente dafür, warum Sie diese verwirklichen »dürfen« – und beliebig viele oder wenige Argumente, warum Sie dies nicht »dürfen«. Schreiben Sie wieder spontan auf, was Ihnen in den Kopf kommt. Je unmittelbarer, desto besser. Ihre Argumente dürfen ruhig »aus dem Bauch kommen« und völlig ungefiltert zu Papier gebracht werden. Als Beispiel dafür dient die nachfolgende »Ich darf/Ich darf nicht«-Liste von Patricia.

Unbewusste innere Verbote können uns stark in unserem Wollen blockieren. Dann erleben wir es, dass sich scheinbar immer neue Hürden auftürmen und unser Vorhaben erschweren. Es fühlt sich an, als würde man ein Gesetz übertreten oder Unheil auf sich ziehen. Bevor wir unsere Wünsche in Ziele verwandeln, sollten wir uns also vergewissern, ob wir »wollen dürfen«, was wir wollen.

Patricia: »Meine hauptsächlichen inneren Bremsklötze, die mich zunächst zaudern ließen, meinen Wunsch in ein Ziel zu verwandeln, waren das gescheiterte Ladenprojekt mit der Erfahrung ›Du kannst das nicht‹ und merkwürdigerweise ein Spruch, der aus meiner Kindheit kam: ›Wer hoch hinaus will, kann tief fallen.‹ Und der urplötzlich in meinem Kopf auftauchte. Ich sah meine Großmutter vor mir, die mich immer zu Fügsamkeit und Bescheidenheit angehalten hatte. Ich hatte mein Leben lang beweisen wollen, dass ich mich nicht füge, sondern nach eigenen Vorstellungen lebe – und trotzdem hatte dieser Spruch mich irgendwie gesteuert. Jetzt, wo ich das weiß, kann ich gut sagen: Das war damals, das ist vorbei. Das ist kein Gesetz und hat nichts mit Schicksal zu tun. Das ist nur eine Vorstellung im Kopf meiner Großmutter, weiter nichts. Ich darf.«

Es ist oftmals eine Mischung aus vergangenem Scheitern und solchen irrationalen Glaubenssätzen, die uns innerlich daran hindern, wirklich durchzustarten. Je genauer wir uns solche Mechanismen bewusst machen und ihnen dann eine neue Bedeutung zuordnen können, desto mehr Energie haben wir für die Verwirklichung unserer Wünsche und Bedürfnisse zur Verfügung.

Wenn Sie sich im Vorfeld Fragen wie die oben aufgeführten stellen und sich mit Ihren inneren Einwänden beschäftigen, kann es anhand der Antworten durchaus auch sein, dass Sie von Ihrem Vorhaben Abstand nehmen oder es zum jetzigen Zeitpunkt nicht umsetzen wollen. In Ordnung. Besser jetzt erkannt, als auf halbem Wege aufgeben müssen.

Hingegen können Sie auch zu dem Schluss kommen, all die Einwände, die sich aus den Fragen ergeben, ernst zu nehmen und zu entkräften, indem Sie sich daranmachen, Lösungen dafür zu finden. Weil der Wille, trotz aller Risiken und Unwägbarkeiten bei der Stange zu bleiben, einfach größer ist. Dann sind Sie auf dem Weg der Umsetzung »sattelfest« und die Wahrscheinlichkeit, dass Ihr Veränderungsprozess zum Erfolg führen kann, steigt.

Wie auch immer Ihre Abwägung ausgeht: Es ist okay so. Wenn Ihnen klar wird, dass Ihr Ziel zwar eine tolle Sache wäre, Ihnen der Preis dafür aber sehr hoch erscheint, dann ist das eine wichtige Erkenntnis, die Ihnen helfen wird, das Vorhaben zu vertagen oder ohne Gram ziehen zu lassen. Wenn Sie zu dem Schluss kommen, die Zeit sei reif, Ihr Ziel zu verwirklichen, und überzeugt sind, dass auch Nachteile und Einschränkungen Sie nicht schrecken, dann gehen Sie mit einer gestärkten Motivation aus der Auseinandersetzung mit den möglichen Risiken und Widrigkeiten hervor.

Nie ohne Plan B

Oft verfügen wir im Vorfeld der Entscheidung noch nicht über absolut alle Informationen, wie das Ziel am besten zu erreichen ist. Vieles klärt sich erst dann, wenn wir uns auf den Weg gemacht haben. Deshalb ist es zwar unabdingbar, die wichtigsten Voraussetzungen für die Verwirklichung unseres Vorhabens zu kennen und eine Vorstellung vom Weg dahin entwickelt zu haben – nicht erforderlich ist es hingegen, im Vorhinein einen akribisch bis ins Detail ausgearbeiteten Plan zu erstellen. Und es von der Perfektion des Plans abhängig zu machen, ob man überhaupt losgeht. Damit würden wir uns im Nu wieder in die Warteschleife katapultieren. Wenn, dann ...

Sobald wir die Fakten beieinander haben, die für eine Einschätzung unseres Vorhabens wichtig sind, gilt es eine Entscheidung zu treffen und loszulegen. Vieles Weitere ergibt sich dann in der Tat »unterwegs«, oftmals auch – wie in der Wissenschaft – durch Versuch und Irrtum. Wissenschaftler experimentieren, scheitern, lernen dazu, experimentieren, scheitern, lernen dazu ... Bis sie herausgefunden haben, wie es geht; und sie verändern ihre Strategien so lange, bis sie mit dem, was sie anstreben, erfolgreich sind. Rechnen Sie daher nicht damit, dass alles wie am Schnürchen klappt und Sie sich gegen alle Risiken im Vorhinein absichern können. Richten Sie Ihre Zuversicht vielmehr darauf, dass es Ihnen gelingen wird, die richtigen Schlüsse aus Ihren Erfahrungen zu ziehen. Fehler bedeuten nicht »Versagen«, sondern sie sind wichtige Lernerfahrungen auf dem Weg zum Ziel.

Fehler mit einzukalkulieren und mit Hindernissen zu rechnen hat nichts mit Pessimismus und Selbstentmutigung zu tun, sondern dient dazu

- diffuse Ängste zu konkretisieren und damit zu entschärfen,
- Schwachstellen in der Realisierung zu erkennen und neue Lösungswege zu finden,
- flexibel agieren zu können,
- Alternativen entwickeln zu können und damit das Gefühl zu stärken, bei einem Scheitern nicht »ins Bodenlose zu fallen«.

Übung 23: Das Worst-Case-Szenario

Sehen Sie den vermuteten Schwachstellen und Gefahren, die die Realisierung Ihres Vorhabens mit sich bringen könnte, beherzt ins Auge. Stellen Sie sich dazu die folgenden Fragen:

- Was könnte bei der Verwirklichung meines Vorhabens schief gehen?
- Was wäre das Schlimmste, das geschehen könnte (Worst Case)?
- Was kann ich im Vorfeld tun, um diesen schlimmsten Fall zu verhindern?
- Was werde ich tun, wenn dieser Worst Case trotzdem eintritt?
- Was ist mein Plan B?

Wenn Sie sich schon im Vorhinein auf eventuell auftauchende Probleme einstellen und Lösungen kennen, dann erhöhen Sie damit die Wahrscheinlichkeit, auch in der realen Situation schnell zu erfassen, was zu tun ist, um das jeweilige Hindernis zu umschiffen und Ihr Ziel doch zu erreichen. Oder, wenn sich das auf dem direkten Weg als unmöglich herausstellt, eine Alternative zu finden. Einen Plan B in petto zu haben hilft Ihnen, einen kühlen Kopf zu bewahren und gelassen zu bleiben, auch wenn sich die Dinge nicht in Ihrem Sinne entwickeln.

Meilenstein 5:
Die Entscheidung

Wenn wir unseren Traum mit all seinen Facetten nun gut kennen und das, was wir uns wünschen, als eine konkrete Zielsetzung formuliert haben, gilt es, zu entscheiden. Den Schritt ins Ungewisse zu wagen – oder sich von der Idee zu verabschieden, entweder zum jetzigen Zeitpunkt oder überhaupt. Dieses Kapitel ist der Kunst des klugen Entscheidens gewidmet und beschreibt verschiedene Herangehensweisen, wie wir zu einer stimmigen und tragfähigen Entscheidung kommen.

Uns über das Verlockende am Zukunftstraum klar zu werden, zu erkennen, was der Traum mit unseren Werten zu tun hat, und ihn in ein konkretes Ziel zu fassen waren wichtige Vorbedingungen dafür. Ebenso, zu erkennen, welche Konsequenzen die Realisierung unseres Traums haben kann und mit welchen Stolpersteinen zu rechnen ist.

Der Weg über den Rubikon

Wenn wir die Gewissheit hätten, dass nichts schief gehen kann, hätten wir uns wahrscheinlich schon längst auf den Weg gemacht. Doch wir haben diese Gewissheit nicht. Wir haben übrigens auch nicht die Gewissheit, dass es tatsächlich »sicherer« für uns wäre, nichts zu verändern und lieber unseren Zukunftstraum zu beerdigen. Fälschlicherweise nehmen wir oft an, Untätigkeit würde uns sicher vor unliebsamen Veränderungen schützen. Deshalb setzen wir uns erst dann in Bewegung, wenn wir schon mit dem Rücken zur Wand stehen. Es ist fatal: Die Angst, etwas zu verlieren, treibt uns meist viel eher zum Handeln als die Aussicht, etwas zu gewinnen. Dem Vertrauten, dem man entwachsen ist, den Rücken zuzukehren und sich auf etwas ganz Neues einzulassen erfordert Mut und einen klaren Entschluss.

»Soll ich oder soll ich nicht?« ist die Frage aller Fragen – eine Frage, die uns an unseren persönlichen Rubikon führt. Die Metapher »den Rubikon überschreiten« steht dafür, sich unwiderruflich auf ein Risiko einzulassen, den Sprung von einem sich bis dahin nur vorgestellten Ziel hin zum konkreten Tun zu wagen. Das Rubikon-Modell der beiden Psychologen Heinz Heckhausen und Peter M. Gollwitzer definiert vier verschiedene Phasen bei der Realisation eines Vorhabens:

- die Vorentscheidungsphase
- die Entscheidung = der Rubikon
- der Handlungsbeginn
- das Handlungsergebnis

Die Vorentscheidungsphase war der Ergründung unseres Lebenstraums und seiner Verwandlung in ein handhabbares Ziel gewidmet. Dazu gehörte auch, abzuwägen, uns mit Einwänden zu beschäftigen, den Worst Case zu erkunden und einen Plan B zu schmieden.

Nun geht es um die Entscheidung, die konkrete Weichenstellung: ja oder nein? Bis zu unserem persönlichen Rubikon waren es nur Gedanken, Ideen und Zielvorstellungen. Noch könnten wir sie mit einem »Na, schön wäre das schon, aber ...« achselzuckend beiseitelegen. Wir könnten uns aber auch dafür entscheiden, unser Ziel Wirklichkeit werden zu lassen. Wir stehen am Scheideweg. Im Prinzip gibt es nun zwei Möglichkeiten:

1. Das Vorhaben in die Tat umzusetzen, sich dann einen konkreten Handlungsplan dazu zu machen und ihn

Schritt für Schritt umzusetzen = Handlungsbeginn, der dann zum Handlungsergebnis führt.
2. Das Vorhaben wegen zu großer Risiken, starker Selbstzweifel oder eines zu hohen Aufwands fallen zu lassen.

Auch wenn wir die Entscheidung auf einen anderen Zeitpunkt vertagen, weil noch wesentliche Informationen fehlen, um die Tragweite der Entscheidung einschätzen zu können, oder weil wichtige Voraussetzungen derzeit nicht erfüllt sind, werden wir – dann zu einem späteren Zeitpunkt – wieder vor diesem Scheideweg stehen.

Die Vorstellung, eine Änderung anzubahnen, kann uns in Hochstimmung versetzen. So ist es kein Wunder, dass wir uns oft in der Phase zwischen Entschluss und Umsetzung am wohlsten fühlen – und dann nichts ändern, da dies unsere hochfliegenden Gefühle wieder »erden« würde.

Wer den Entschluss fasst, eine Gewohnheit zu ändern, sich beispielsweise vornimmt, jeden Morgen eine halbe Stunde eher aufzustehen, um joggen zu gehen, ist vielleicht sehr euphorisch, wenn er sich vorstellt, wie sehr Körpergewicht, Muskulatur und Fitness profitieren werden – doch wenn am nächsten Morgen der Wecker tatsächlich eine halbe Stunde früher klingelt, ist die Versuchung groß, jetzt einfach alles beim Alten zu lassen. Das ist bei großen Entscheidungen mit weitreichenden Konsequenzen nicht anders. Genau das ist der persönliche Rubikon: Es ist der Punkt, wo wir uns nach einer Entscheidung konkret in Bewegung setzen und aktiv werden. Auch deswegen wird oft dazu geraten, dann, wenn ein Entschluss steht, möglichst rasch Taten folgen zu lassen, um den Schwung und die Euphorie für die Tatkraft zu nutzen.

Die Bezeichnung »Rubikon«-Modell bezieht sich auf ein geschichtliches Ereignis: Als Gaius Julius Caesar im Jahr 49 v. Chr. den Fluss Rubikon überquerte, zog er damit die Konsequenz aus seiner Entscheidung, sich die Macht in

Rom mit allen Mitteln zurückzuerobern. Nach dem überqueren des Flusses gab es für ihn und sein Heer kein Zurück mehr. Von hier aus galt es, sich den Weg zurück nach Rom zu erkämpfen oder unterzugehen.

Ganz so dramatisch wie zu Zeiten Caesars geht es bei unseren Entscheidungen meist nicht zu, und doch will ein Entschluss, der weitreichende Konsequenzen auf unser Leben hat, gut bedacht sein. Die Vorteile, die Sie für die Alternative »Veränderung« sehen, müssen für Sie überzeugend sein und die vermuteten Nachteile, der »Preis« für Ihr Vorhaben, akzeptabel. Wenn sich dies (noch) nicht so verhält und die Bedenken überwiegen, ist es zu früh, eine Entscheidung in Richtung Veränderung zu treffen. Das wäre wie Fahren mit angezogener Handbremse, denn Ihre Bedenken würden unterschwellig weiter wirksam sein.

Nehmen Sie sich Zeit und Ruhe für Ihren Entscheidungsprozess. Die »Hals-über-Kopf-Methode« ist kein gutes Verfahren, wenn es um Entscheidungen mit weitreichenden Auswirkungen geht. Wichtige Weichenstellungen initiieren Sie am besten, wenn Sie sich souverän und ausgeglichen fühlen. Wenn noch Fragen offen sind, deren Klärung für den Entscheidungsprozess wichtig sind, dann hilft eine Bedenkzeit, in der Sie noch weitere Informationen sammeln, die Ihnen die Entscheidung Pro oder Kontra erleichtern könnten. Setzen Sie sich jedoch ein Limit dafür. Natürlich ist es wichtig, möglichst viele Informationen und Einflussfaktoren für Ihre Entscheidung zu berücksichtigen, doch werden Sie kaum je über *sämtliche* Fakten verfügen. Daher ist es sinnvoll, die Zeit für den Informationsinput zu begrenzen. Beenden Sie also nach der Bedenkzeit das Sammeln von Informationen, wägen Sie neu ab und fahren Sie dann im Entscheidungsprozess fort.

Love it – Change it – Leave it
und der kartesische Fragensatz

Wenn Sie genügend Informationen gesammelt haben, dann sind Kopf *und* Bauch gefragt. Reine Kopfentscheidungen, das bloße Abwägen der »objektiven« Vorteile gegen die »objektiven« Nachteile, geben uns nicht den Schwung, den wir für die Umsetzung brauchen. Und: Wer sich im Zweifel bewusst gegen sein »Bauchgefühl« entscheidet, riskiert eine Fehlentscheidung, da er sich selbst als Mensch nicht »mitnimmt«. Das bedeutet nun aber nicht, dass es ausschließlich auf das Bauchgefühl ankommt. Nur aus dem Bauch heraus zu entscheiden ist oft leichtfertig, da wir dann relevante Faktoren ausblenden, was uns später sehr zum Nachteil werden kann. Stellt sich eine reine Gefühlsentscheidung als Fehler heraus, können wir sie weder analysieren noch aus dem lernen, was falsch gelaufen ist – außer uns für das nächste Mal mehr Nachdenken zu verordnen.

Eine tragfähige Entscheidung basiert auf einer Kombination von Logik, kritischem Verstand und einer Portion Intuition. Kopf und Bauch ziehen am gleichen Strang, wenn die Bewertungen durch Logik, Vernunft und Intuition zum selben Ergebnis kommen. Dabei steht die Intuition am Ende, nicht am Anfang des Entscheidungsprozesses. Im Prinzip gibt es bei allen unseren Entscheidungen die bereits unter Meilenstein 1 genannten drei Optionen:

Love it: Wenn Sie die Situation trotz mancher Nachteile vorteilhafter sehen als mögliche Alternativen: Lassen Sie alles, wie es ist, freunden Sie sich mit den Gegebenheiten an.

Change it: Wenn Sie Möglichkeiten der Veränderung sehen: Ändern Sie etwas an der Situation.

Leave it: Wenn Sie sich nicht weiter an die Gegebenheiten anpassen wollen und keine Möglichkeit sehen, etwas zu ändern: Ziehen Sie die Konsequenzen und machen Sie etwas anderes.

Bei Patricia war klar, dass ihr derzeitiges Beschäftigungsverhältnis ihr keine Möglichkeiten für *Change it* bot – somit blieben nur übrig, weiter im Verkauf zu bleiben und dies auch innerlich akzeptieren zu lernen oder etwas anderes zu machen. Ihr *Leave-it*-Ziel bestand darin, die Ausbildung zur Rangerin zu machen mit der mittelfristigen Option, in diesem Bereich arbeiten zu können. David hingegen akzeptierte seine vorhandenen Rahmenbedingungen und setzte sich auch nicht zum Ziel, die Stadtverwaltung umzukrempeln. Sein *Change-it*-Ziel bestand darin, sich zu entscheiden, die Musik wieder zum Bestandteil seines Lebens zu machen und sich Freiräume dafür zu schaffen.

Fragen Sie sich also zunächst rein vom Verstand her, welche Möglichkeiten, welche Vorteile und welche Nachteile Ihnen die jeweilige Alternative eröffnet. Bewerten Sie den Nutzen aller Möglichkeiten vorrangig danach, welche langfristige Wirkung zu erwarten ist. Denken Sie beim Abwägen also nicht nur an die nächsten Wochen und Monate, sondern auch in langen Zeitabschnitten. Das heißt: Überlegen Sie, was eine Pro- oder eine Kontra-Entscheidung in zwei, fünf oder zehn Jahren bewirkt haben könnte. Bei diesem Abwägungsprozess hilft eine klare Gegenüberstellung der Optionen:

- Ja. Ich setze mein Vorhaben um. Welche Konsequenzen hat das?
- Nein. Alles bleibt beim Alten. Welche Konsequenzen hat das?

Übung 24: Kartesische Fragen

Legen Sie für die Abwägung eine Tabelle mit zwei Spalten für die beiden Optionen an und stellen Sie sich für beide Möglichkeiten die nachfolgenden vier Fragen. Danach erkennen Sie deutlicher, welche Alternative für Sie stimmiger ist – oder Sie finden mithilfe der Fragen heraus, an welcher Stelle Sie noch mehr Informationen brauchen, um eine Einschätzung treffen zu können.

- Frage 1: Was geschieht, wenn ich mich für die Alternative »Verwirklichung meines Zukunftstraums« entscheide? Was muss ich dann an Aufwand, Zeit und vielleicht auch finanziell investieren? Welche Vorteile hat es für mich, diesen Weg zu wählen? Welche Chancen eröffnet mir das? Und was muss ich dann vielleicht an Einschränkungen und Nachteilen in Kauf nehmen?
- Frage 2: Was geschieht *nicht*, wenn ich mich dafür entscheide, meinen Zukunftstraum zu verwirklichen? Welche Gedanken muss ich mir dann nicht machen? Und was muss ich dann in Kauf nehmen?
- Frage 3: Was geschieht, wenn ich mich dagegen entscheide? Welche Konsequenzen hat das? Welche Vorteile könnte es haben? Und was gilt es dann in Kauf zu nehmen?
- Frage 4: Was geschieht *nicht*, wenn ich mich dagegen entscheide? Welche Vorteile hat das? Wovor bewahrt es mich? Und was muss ich dann in Kauf nehmen?

Nehmen Sie sich Zeit, ganz unterschiedliche Aspekte zu bedenken. Wie schätzen Sie die jeweiligen Auswirkungen der Entscheidung Pro oder Kontra ein? Denken Sie an Ihren Tagesablauf, Ihre Familie, Ihren Freundeskreis, Ihre Freizeit, die Finanzen …

Achten Sie beim Nachdenken über die vermuteten

Konsequenzen der einen und der anderen Möglichkeit nun vor allem auch auf Ihr Gefühl. Manche der Gründe, die Sie finden, warum Sie etwas wollen oder nicht wollen, wiegen gefühlsmäßig schwerer als andere. Unterstreichen Sie diejenigen Argumente, die in Ihnen die stärkste Resonanz hervorrufen.

- Welche der Alternativen hat wahrscheinlich die größten positiven Auswirkungen auf andere Bereiche Ihres Lebens, die Ihnen auch wichtig sind? Und welche Auswirkungen sind das?
- Welche der Alternativen hat wahrscheinlich die wenigsten negativen Auswirkungen auf andere Bereiche Ihres Lebens, die Ihnen auch wichtig sind? Und woran machen Sie das fest?
- Welche der beiden Alternativen wird Sie langfristig glücklicher und zufriedener machen – und was sind die Gründe dafür?
- Durch welche dieser Alternativen bekommen Sie mehr von dem, was Ihnen im Leben wichtig ist?
- Haben Sie ein gutes Gefühl beim Gedanken an die Konsequenzen, an den »Preis«, den Sie bei der Entscheidung für diese Alternative bezahlen müssten?
- Sind Sie bereit, diesen Preis zu zahlen, oder gibt es innere Einwände dagegen – und falls ja, welche?
- Welche Kompromisse müssten Sie eventuell bei dieser Entscheidungsalternative eingehen?
- Welche Kompromisse sind okay für Sie und welche nicht?

Der Grund, Entscheidungen vor sich herzuschieben, ist meist die Befürchtung, die falsche Wahl zu treffen. Wir wissen jedoch, dass dies keine Option sein kann, denn indem wir einer Entscheidung aus dem Weg gehen, entscheiden wir uns trotzdem: nämlich dafür, Verantwortung für uns selbst abzugeben. Wenn nicht wir entscheiden, entscheiden andere – und wir müssen uns dann mit den Auswirkungen arrangieren. Andere entscheiden zudem nach ihren eigenen Interessen – und die sind oftmals nicht mit unseren eigenen identisch. Wer die Zügel aus der Hand gibt, bekommt nur selten das, was er will.

Alle Gesichtspunkte, die Sie sich notiert haben, helfen Ihnen dabei, Ihre Entscheidungssituation besser zu beurteilen. Doch bei allem systematischen Nachdenken bleibt natürlich stets das Restrisiko, dass unsere Wahl doch nicht den Nutzen bringt, den wir uns davon versprechen. Damit müssen wir leben. Absolute Sicherheit haben wir fast nie. Wir können nur abwägen, Optionen vergleichen und Wahrscheinlichkeiten einschätzen – und am Ende des Prozesses auch unser Bauchgefühl zu Rate ziehen.

Je sorgfältiger wir abwägen, je mehr relevante Fragen für unsere Entscheidungsalternativen wir im Vorfeld klären, desto sicherer und stimmiger können wir uns entscheiden.

Das Umfeld mitbedenken

Hilfreich kann es auch sein, uns vor einer Entscheidung anzuhören, was andere dazu zu sagen haben – Ansichten von Menschen unseres Vertrauens. Das kann eine gute Freundin sein, die mit der Entscheidungssituation vertraut ist, ein Kollege oder auch ein Experte, der das, worum es uns geht, fundiert bewerten kann. Wir brauchen keine Angst vor diesem prüfenden Blick von Außen zu haben – denn egal, was der andere uns sagt: Es ist in erster Linie *seine* subjektive Einschätzung, während *wir* es sind, die entscheiden, welche Argumente unseres Gegenübers wir genauer unter die Lupe nehmen wollen und was der Betrachtung nicht lohnt. Dies gilt insbesondere dann, wenn die Entscheidung, die wir treffen wollen, auch ganz konkrete Auswirkungen auf unser Gegenüber hat. Da kommen dann eigene Interessen ins Spiel, und das ist ganz normal – wir sollten es uns nur bewusst machen.

»Ich hatte natürlich meinen Mann und den Kindern von der Idee erzählt, mich sozial zu engagieren«, sagt Julia, »und ich war dann enttäuscht, dass sie nicht so reagierten, wie ich gehofft hatte. Es fiel mir nicht leicht, mich trotzdem dafür zu entscheiden, denn ich bin ja ein eher harmonieorientierter Mensch. Mir wurde dann klar, dass viel von den Einwänden einfach daher kam, dass alle drei befürchteten, nun im Haushalt mehr Pflichten übernehmen zu müssen. Und ich dachte mir dann, ich verzichte doch nicht darauf, etwas Sinnvolles zu tun, nur damit ich in dieser Zeit putze, wasche oder staubsauge. Ich will die Hausarbeit nicht abwerten, aber ich hatte neben meiner Arbeit in der Bank jahrelang den Löwenanteil der Arbeit im Haus gestemmt. Da ist es jetzt nur recht und billig, wenn Klaus, Lisa und Sara mehr zupacken als bisher.«

Input von außen kann jenseits allen Eigennutzes sehr hilfreich sein und uns vielleicht noch einmal neue Aspekte der Situation bewusst machen, wichtige Details, die wir bislang nicht bedacht hatten. Nehmen Sie Anregungen Ihrer Gesprächspartner ernst, aber bewerten Sie sie gleichzeitig mit innerem Abstand. Hören Sie gerade bei kritischen Anmerkungen gut hin und fragen Sie nach. Allzu leicht geraten wir in Versuchung, das, was jemand anders sieht, persönlich zu nehmen, werden vielleicht sauer, wenn wir eine bestimmte Meinung hören, die uns nicht ins Konzept passt.

Da rät vielleicht jemand von einer Veränderung ab, und wir hören nur mangelndes Zutrauen in unsere Fähigkeiten heraus und sind beleidigt, registrieren dann gar nicht mehr, womit der andere das, was er uns rät, begründet. Oder unterschwellig bestehende eigene Bedenken erhalten Bestätigung – und dabei hätten wir uns eigentlich Zuspruch und Ermutigung für eine Umorientierung erhofft. Natürlich kann uns die Meinung von Menschen, die uns etwas bedeuten, nicht egal sein, und dennoch ist die Angst davor, auf Unverständnis zu stoßen, eines der größten Hindernisse bei der Verwirklichung unserer Wünsche und Träume.

Allzu oft machten wir uns vielleicht in der Vergangenheit abhängig von Zustimmung oder Anerkennung und fürchteten uns vor Kritik und Ablehnung – und verharrten dadurch oft lange in einer Situation, die wir gerne geändert hätten. Infolge falsch verstandener Rücksichtnahme oder aus Konfliktscheu und Harmoniestreben heraus bremsten wir selbst uns darin, das zu tun, was wir eigentlich für richtig hielten. Daraus gilt es zu lernen. Denken Sie auch hier an die langfristige Wirkung der jeweiligen Entscheidungsalternative. Wenn Sie sich am richtigen Platz fühlen, hat das positive Auswirkungen auf Ihre Stimmung und überhaupt auf Ihr Lebensgefühl. Davon profitiert auch Ihr Umfeld. Welche der beiden Alternativen wäre auch für Ihr Umfeld auf längere Sicht gesehen die bessere Wahl?

Entscheidungsfaktoren gewichten

Ergänzen Sie die Sammlung der Pro- und Kontra-Argumente um die Aspekte, die Sie durch die Erkenntnisse und Feedbacks aus Ihrem Umfeld gewonnen haben. Betrachten Sie dann noch einmal die Sammlung der Argumente für beide Alternativen.

Nicht alle für die Entscheidung wichtigen Faktoren sind gleich bedeutsam. Gewichten Sie deshalb die einzelnen Aspekte, indem Sie die wichtigsten Einflussfaktoren für die jeweilige Alternative in den Vordergrund stellen und die weniger wichtigen in den Hintergrund. Um noch mehr Klarheit hinsichtlich der Frage »Option Pro« oder »Option Kontra« zu erhalten, gehen Sie wie folgt vor:

1. Bewerten Sie die einzelnen Plus- und Minusaspekte jeder der beiden Alternativen mit einer Zahl zwischen eins und fünf, je nachdem, wie bedeutsam Ihnen der Aspekt erscheint. Dabei steht fünf für »äußerst wichtig« und eins für »weniger wichtig«.
2. Zählen Sie dann die Punktzahlen der Plusaspekte erst in der Pro-Alternative zusammen und addieren Sie dann die Punktzahlen der Plusaspekte für die Kontra-Alternative.
3. Danach zählen Sie die Punkte der Minusaspekte beider Alternativen (getrennt voneinander) zusammen.
4. Und schließlich ziehen Sie in beiden Sparten jeweils das Ergebnis der Minusaspekte von dem Ergebnis der Plusaspekte ab.

Wenn Sie so die Plus- und die Minusaspekte beider Entscheidungsalternativen einzeln bewerten und jeweils die Minus- von den Pluspunkten subtrahieren, dann macht am Ende die Alternative mit dem höchsten Plusergebnis das Rennen. Sie weist von der Gewichtung der Sachargumente her die größten Vorteile auf.

Dennoch spielen letztlich die Gefühle die ausschlaggebende Rolle im Entscheidungsprozess. Sie kennen das sicher: Auch wenn tausend gute Argumente für eine Sache sprechen, Ihr Bauchgefühl jedoch nicht, dann gewichten Sie in der Regel das Bauchgefühl stärker als alle Vernunftgründe zusammen. Wenn der Verstand und das Bauchgefühl noch nicht zum gleichen Resultat kommen, dann gilt es, sich noch etwas Zeit zu nehmen und das Unbehagen näher zu ergründen, bevor wir die Entscheidung treffen.

- Woher rührt dieses mulmige Gefühl?
- Ist ein wichtiger Punkt noch nicht mitbedacht worden oder drückt sich hier nur die Angst vor dem Ungewissen aus?

Nehmen Sie Ihr Bauchgefühl ernst. Zumeist weist es auf noch verborgene Aspekte des Entscheidungsprozesses hin oder ist Ausdruck der Angst davor, einen Fehler zu machen, der unüberschaubare negative Konsequenzen nach sich ziehen könnte.

Es gilt, eine Deckungsgleichheit zwischen Verstand und Gefühl herzustellen, sodass beide zu der Alternative, für die Sie sich entscheiden, »Ja« oder »Nein« sagen.

Klare Abschiede:
Die Kunst des Loslassens

Sich für etwas entscheiden heißt immer auch, sich gegen etwas (anderes) entscheiden. Oft hängen uns gerade dann, wenn wir etwas Neues beginnen wollen, vergangene Erfahrungen nach. Wir würden ja gerne, aber ... Und dann kommen die Erinnerungen an ähnliche Vorhaben zurück, die allesamt schief gegangen sind. Die ständige Erinnerung an negative Vorerfahrungen kann unsere Initiative im Hier und Jetzt beeinträchtigen oder abbremsen. Oftmals rührt ein mulmiges Bauchgefühl genau aus dieser Quelle. Wir neigen dazu, gemachte Erfahrungen zu generalisieren. Was funktioniert hat, betreiben wir weiter, was nicht funktioniert hat, lassen wir bleiben. Das ist an sich ja auch gut so. Allerdings übertragen wir – oft unbewusst – gemachte Erfahrungen auf Situationen, die damit gar nichts zu tun haben, nur weil sie eine oberflächliche Ähnlichkeit aufweisen. Wer sich in der Schule beim Gedichtaufsagen vor der Klasse blamiert hat, schwitzt Jahrzehnte später bei der Präsentation in der Firma Blut und Wasser. Wer als Kind damit Erfolg hatte, seinen Willen zu bekommen, wenn er sich möglichst klein machte und brav bitte sagte, der wendet diese Strategie vielleicht auch später in Gehaltsverhandlungen an. Was einmal funktioniert hat, funktioniert aber nicht immer. Wenn einmal etwas schief gegangen ist, heißt das nicht, dass alles schief gehen muss. Viele Generalisierungen folgen keiner Logik, sie gründen auf oberflächlichen – und oft nur scheinbaren – Ähnlichkeiten.

Aus gebündelten Erfahrungen werden innere Haltungen. Wir sollten uns bewusst machen, welche entmutigenden Erfahrungen und Botschaften aus der Vergangenheit uns heute noch beeinflussen und uns daran hindern, unser Leben so zu führen, wie wir es uns wünschen. Denn erst dann können wir darangehen, diese alten Überzeugungen Stück für Stück zu entmachten und an ihre Stelle neue, ermutigende und selbststärkende Überzeugungen anzunehmen. Auch eine Frage wie: »Was hätte ich damals anders machen können, um die Vorstellungen, die ich hatte, zu verwirklichen?« muss nicht dazu führen, endlos weiter mit dem Vergangenen zu hadern und sich bestimmte Entscheidungen lange übelzunehmen. Sie kann vielmehr dabei helfen, zu erkennen, welche Faktoren auch im Hier und Heute zu berücksichtigen sind. Und die Erfahrung selbst als Teil der persönlichen Geschichte würdigen und loslassen.

»Als ich den Laden in den Sand gesetzt hatte, war ich längere Zeit sehr deprimiert«, sagt Patricia. »Ich ärgerte mich über mich selbst und hatte das Gefühl, meine letzte Chance vertan zu haben. Den Satz: ›Wie konnte ich nur so blöd sein!‹ habe ich wohl tausendmal zu mir selbst gesagt. Heute sehe ich das anders. Klar war es schade um das Geld, das ich in die Boutique hineingesteckt hatte und das nun den Bach runtergegangen war, aber diese Erfahrung hat mich doch einiges gelehrt: zum einen, dass es letztlich nicht das Richtige für mich war, dass meine Freiheit woanders liegt. Und in der harten Folgezeit, wo ich lange an den Krediten gezahlt habe, habe ich gutes Wirtschaften gelernt. Ich gehe heute viel überlegter mit Geld um als früher. Und das wiederum hilft mir jetzt, wo ich in meinem neuen Metier noch nicht so viel verdiene. Was hätte ich damals anders machen können?

Mich nicht Hals über Kopf in etwas hineinstürzen, sondern im Vorfeld gezielter ausloten, was genau ich wie verwirklichen will. Und auch das hat mir genützt. Für die Ranger-Ausbildung habe ich mich erst dann angemeldet, als ich einschätzen konnte, dass das zeit- und kräftemäßig und auch finanziell auf die Reihe zu kriegen ist.«

Die Ebene der Vorwürfe an uns selbst oder an andere zu verlassen und unseren Frieden mit dem Gewesenen zu schließen hilft uns dabei, nach vorne zu schauen. Indem wir uns vergegenwärtigen, was wir infolge bestimmter Entscheidungen gelernt haben, können wir unsere heutigen Möglichkeiten genauer ausloten und auf Fähigkeiten zurückgreifen, die wir auf vermeintlichen Abwegen erworben haben. Wenn wir die Lehren aus gemachten Fehlern gezogen haben, wissen wir, worauf wir heute besonders achten müssen. Wir brauchen uns aber das damalige Geschehen nicht mehr ständig als Mahnmal vor Augen zu halten, sondern können uns auf die Gegenwart konzentrieren und mittels der Entscheidungen, die wir treffen, die Weichen für die Zukunft so stellen, dass unsere Lebenszufriedenheit stetig wächst.

Übung 25: Abschied von alten Geschichten

Nehmen Sie sich wieder eine Viertelstunde Zeit und halten Sie Stift und Papier bereit beziehungsweise legen Sie eine neue Datei an. Werden Sie sich vergangener Entscheidungen mit negativen Auswirkungen bewusst, an die Sie auch heute noch öfter denken und von denen Sie den Eindruck haben, dass sie Einfluss auf Ihre heutigen Entscheidungen haben. Schreiben Sie diese stichpunktartig untereinander auf. Erfahrungen, die Sie als besonders prägend werten, unterstreichen Sie.

Finden Sie dann Antworten auf die folgenden Fragen:

- Wo sehen Sie Parallelen zwischen der jetzigen Entscheidung und einer – oder mehrerer – der damaligen?

- Welche Befürchtungen sind durch das damals Erlebte in Ihnen entstanden?
- Was davon ist die stärkste Befürchtung?
- Worin unterscheiden sich die damaligen Situationen von der heutigen? Finden Sie möglichst viele Unterschiede (beteiligte Menschen, Umstände, Voraussetzungen).
- Was haben Sie aus den vergangenen Fehlschlägen gelernt? Worauf sollten Sie heute besonders sorgfältig achten? Was sollten Sie sicherstellen?
- Wie können Sie dafür sorgen, dass die damaligen Faktoren, die zum Scheitern beitrugen, heute keine Rolle mehr spielen?

Indem Sie das damalige Geschehen reflektieren und Lehren daraus ziehen, ist es durch den veränderten Blick darauf auch schon ein Stück weit verwandelt. Nicht mehr Versagen, Schuld und Scham sind die Filter, durch die Sie diese Aspekte Ihrer Vergangenheit betrachten, sondern Lernerfolge. Das erleichtert es Ihnen, das »Damals« loszulassen und es nicht länger unbewusst mit dem Heute zu verwechseln.

Prüfen Sie, ob sich durch die veränderte Sichtweise Ihr Bauchgefühl im Hinblick auf die zu treffende Entscheidung verwandelt hat.

- Ziehen jetzt Verstand und Gefühl deutlicher an einem Strang als zuvor?
- Was sagt Ihr Verstand, was sagt Ihr Gefühl?

Ist noch kein Gleichklang gegeben, prüfen Sie weiter:

- Was müssen Sie auf der Verstandesebene ändern, damit das Gefühl gut mitziehen kann (etwa: sich ein weniger ehrgeiziges Ziel setzen, einzelne Aspekte der Zielvorstellung modifizieren, Teile der Zielformulierung ändern, sich noch einmal mit Einwänden und Bedenken auseinandersetzen und so weiter)?

- Vielleicht steckt hinter der zwiespältigen Haltung auch ein Wertekonflikt. Prüfen Sie dann noch einmal die Top Ten Ihrer Werte. Gibt es Widersprüche? Und wenn ja:
- Was muss gewährleistet sein, damit die Werte nicht mehr im Gegensatz zueinander stehen, sondern beide zum Zuge kommen?

Oft geht es dabei um Konflikte zwischen Freiheit und Sicherheit, zwischen Nähe und Unabhängigkeit oder zwischen Abenteuerlust und Geld.

Gestehen Sie sich die Zeit zu, die es braucht, um solche Disharmonien zwischen Verstand und Gefühl zu klären und eine Lösung zu finden, wo beide im Einklang sind. Dann *wissen* Sie, dass Ihre Entscheidung die richtige ist, und Sie *spüren* es auch.

Gönnen Sie sich eine kleine Pause, aber machen Sie dann gleich den letzten entscheidenden Schritt:

Übung 26: Die persönliche Vereinbarung
Sobald Einigkeit zwischen Verstand und Gefühl herrscht: Entscheiden Sie! Bekräftigen Sie Ihren Entschluss, indem Sie Ihre aktuelle Zielformulierung auf ein leeres Blatt Papier schreiben und darunter Ihren Namen und das heutige Datum setzen als sichtbares Zeichen dafür, dass Sie nun den Weg einschlagen, zu dem Sie sich entschlossen haben.

Bewahren Sie das Blatt an einem Ort auf, wo Sie es rasch zur Hand haben, und schauen Sie häufiger einmal darauf. Rufen Sie dabei das Zielbild auf (siehe Seite 97) und versetzen Sie sich kurz in den Zielzustand hinein. Das hilft dabei, mit dem Ziel in guter Verbindung zu bleiben und es immer mehr zum persönlichen Leitstern werden zu lassen.

Meilenstein 6:
Schritt für Schritt zum Ziel

Nach dem Überqueren des Rubikon sind Sie nun auf dem Weg in die konkrete Umsetzung. In diesem Kapitel erfahren Sie, wie Sie am besten vom Denken zum Tun kommen und inwieweit Ihnen dabei auch Vorbilder von Nutzen sein können. Sie entscheiden, in welchen Feldern Sie Ihr Wissen und Können gezielt erweitern, um Ihr Ziel besser erreichen zu können. Sie lernen das Logbuch als wertvolles Instrument der persönlichen Weiterentwicklung und hilfreiche Checklisten kennen, die Ihnen für die Zielerreichung nützlich sein können. Und last, but not least gibt es einige Tipps, wie Sie bei aller Zielstrebigkeit das Hier und Jetzt bewusster als bisher genießen können.

Vom Denken zum Tun

Nach einer Entscheidung ist die Motivation zur Umsetzung hoch, und das gilt es zu nutzen. Denn das Drängen nach Veränderung zieht sofort etwas anderes nach sich: die Frage des *Wie*. Wie kommen Sie von A nach B – von A wie Ausgangspunkt nach B wie Bedürfniserfüllung.

Wie sieht der persönliche Weg aus, was brauchen Sie, um durchzustarten, was ist alles zu berücksichtigen? Welches Wissen und Know-how ist noch zu beschaffen, welche Fähigkeiten gilt es weiter zu stärken und welche Unterstützung gibt es, die für das Erreichen des Ziels sinnvoll sein könnte. Eine Entdeckungsreise liegt vor Ihnen! Und wie schon Laotse wusste: »Auch der längste Weg beginnt mit dem ersten Schritt.« Um den Weg gehen zu können, müssen wir die Richtung kennen und auch die Abfolge unserer Schritte. Studien legen dar, dass diejenigen, die einen Plan haben, ihre Ziele häufiger erreichen als jene, die sich kein strukturiertes, schrittweises Vorgehen überlegt haben. Sich einfach nur vorzunehmen »Ab morgen wird alles ganz anders« steht auf sehr wackligen Füßen. Nur wenige Veränderungen geschehen mit einem großen Gongschlag, die meisten verlaufen in Schritten: Erst stellen wir uns das Neue vor, dann planen wir, dann handeln wir.

Und: Je mehr Veränderungen wir uns auf einmal vornehmen, desto weniger setzen wir letztlich um. Besser ist es also, aus dem, was wir uns vorgenommen haben zu verändern, jeweils nur zwei bis drei einzelne Schritte auszuwählen und uns darauf zu konzentrieren, konkret und zügig deren Umsetzung anzupacken. Wenn wir große Schritte in viele kleine Schritte unterteilen, die einzeln leichter zu bewältigen sind, dann wird der Weg, der vor uns liegt, übersichtlich und wir wissen stets, welcher Schritt auf welchen folgen wird.

Übung 27: Die Zielkarte
Für diese Übung brauchen Sie wieder Karteikarten, ein großes Blatt Papier sowie einen dünnen und einen dicken Filzstift. Die Übung wird etwa 30 bis 45 Minuten Zeit in Anspruch nehmen.

- Legen Sie das Blatt quer vor sich hin und ziehen Sie in der Blattmitte eine dicke waagrechte Linie vom linken bis zum rechten Blattrand.
- Dann tragen Sie am linken Ende des Strichs das heutige Datum ein. Am rechten Ende wird später das Datum stehen, an dem Sie das Ziel erreicht haben möchten. Lassen Sie das aber vorerst offen und wenden Sie sich zunächst den Karteikarten zu.
- Überlegen Sie: Welche Schritte sind erforderlich, um zu Ihrem Ziel zu gelangen? Denken Sie dabei nicht

vorwärts, sondern rückwärts. Welcher Schritt ist unmittelbar vor Ihrem Ziel noch erforderlich, welcher liegt davor, welcher noch davor und so weiter. Gehen Sie jetzt in Ihrer Vorstellung Schritt für Schritt weiter rückwärts und formulieren Sie alle Teilzeile, die Ihnen in den Kopf kommen, bis Sie schließlich beim Hier und Jetzt angekommen sind. Nun wissen Sie, welche Schritte Sie als Erstes tun werden.

- Schreiben Sie jeden Schritt auf eine gesonderte Karteikarte.
- Legen Sie die Karten vor sich aus und stellen Sie sich den Weg zum Ziel nun nacheinander in beiden Richtungen vor, einmal mit dem heutigen Tag als Ausgangspunkt und von hier aus vorwärts, und einmal mit dem Zieltag als Ausgangspunkt und dann rückwärts. Ordnen Sie die Etappen auf Ihren Karteikarten so an, dass sie folgerichtig die einzelnen Schritte abbilden. Wenn Ihnen noch weitere erforderliche Schritte einfallen, ergänzen Sie die Reihe entsprechend.
- Wenn die Reihenfolge der Schritte stimmig ist, dann wenden Sie sich wieder dem Blatt zu. Durch die Beschäftigung mit den einzelnen Schritten haben Sie nun eine Vorstellung davon bekommen, wie lange es brauchen wird, bis Sie dort angekommen sind, wo Sie hinwollen. Markieren Sie nun am rechten Ende des Strichs das Zieldatum. Bemessen Sie den Zeitraum eher großzügig als knapp. Wenn er zu knapp ist, setzen Sie sich unnötig unter Stress, und das beeinträchtigt auf Dauer die Motivation. Zudem wissen Sie nicht, was Sie auf dem Weg zum Ziel alles erleben werden – und nicht alles davon ist zielfördernd. Kalkulieren Sie Unwägbarkeiten bei der zeitlichen Planung mit ein.
- Tragen Sie dann die einzelnen Etappen, die Sie auf den Karteikarten benannt haben, auf der Mittelstrich-Zeitachse ein – in der folgerichtigen Reihenfolge.

- Wenn es möglich ist, dann hängen Sie Ihre Zeitkarte gut sichtbar auf und markieren Sie Ihren Ist-Stand (Start) mit einem farbigen Klebepunkt.
- Überprüfen Sie in regelmäßigen Abständen den aktuellen Stand. Stellen Sie fest, wo Sie stehen, und versetzen Sie den Klebepunkt entsprechend. Würdigen Sie dabei immer die Strecke, die Sie schon zurückgelegt haben.

Manchmal werden Sie rascher vorankommen als geplant, manchmal langsamer. Das ist ganz normal. Das Wichtigste ist, dass Sie in der richtigen Richtung unterwegs sind!

Vorbilder zeigen Ihnen, was möglich ist

Über die Medien erfahren wir häufig von erstaunlichen Erfolgsgeschichten. Menschen, die ihren Weg gemacht haben, Menschen, die genau die Art von Leben führen, das wir auch gerne leben würden. Zwischen dem, was wir sehen, und unserem eigenen Weg scheinen dann Abgründe zu liegen. Da kann es passieren, den eigenen Weg als langweilig anzusehen, weil wir angesichts des Glorienscheins dieser Ausnahmeschicksale zusehends schrumpfen. »Siehst du«, scheint dann eine innere Stimme zu flüstern, »das ist doch alles völlig unerreichbar für dich. Bleib lieber da, wo du bist. Ist doch egal, wenn dir dein Job auf die Nerven geht – hier hast du wenigstens Sicherheit.«

Doch Vorzeigegeschichten können uns auch Mut machen und uns zeigen, dass es ==kaum je zu spät ist, aus einem Wunsch ein Ziel zu machen== und dieses konsequent zu verfolgen.

»Es war tatsächlich eine Fernsehsendung, die bei mir wie eine Initialzündung wirkte«, sagt Patricia. »Ein Bericht über einen Wildpark in Bayern gab den Ausschlag. Da wurde jemand interviewt, der eine Besuchergruppe durch das Gelände führte. Der Ranger zeigte den Teilnehmern die Schönheit der Landschaft und gab ihnen viele Informationen über die Felsformationen, die Geschichte des Gebiets und die Vegetation. Ich war wie elektrisiert. Das will ich auch, dachte ich. Dann stellte sich heraus, dass der Ranger studierter Geologe war, und das Herz sank mir in die Hose. Ich hatte kein Studium vorzuweisen, hatte ja nicht mal Abitur.«

Schon wollte sie die frisch entdeckte Möglichkeit für sich selbst wieder resigniert beiseiteschieben, doch die Idee ließ sie nicht mehr los. »Ich dachte an die Reisen, die ich mit meinem Freund gemacht hatte, das wunderbare Gefühl, draußen zu sein in der freien Natur, statt drinnen in einem Raum eingesperrt. Irgendwie war mein damaliges Ich wieder auf dem Schirm: Ich sah mich frei, neugierig und voller Entdeckungslust. Ich brauchte einfach mehr Informationen. Nach einem Gespräch im Berufsinformationszentrum schöpfte ich neuen Mut. Man musste nicht studiert haben, um sich zum Geopark-Ranger ausbilden zu lassen. Und: Man konnte die Ausbildung berufsbegleitend machen. Und neben der Möglichkeit, im Ehrenamt tätig zu sein, konnte man tatsächlich einen richtigen Job daraus machen. Das spornte mich an.«

Die Idee war da, eine konkrete Vorstellung ebenfalls und auch ein – zumindest theoretisch – gangbarer Weg, doch Patricia zauderte. War das Unterfangen nicht zu ehrgeizig? Würde sie es tatsächlich schaffen, neben ihrem Job eine Ausbildung zu machen? Ihre Freizeit mit Lernen und Prüfungsvorbereitungen zu verbringen? Um dann vielleicht durchzufallen und nichts in der Hand zu haben? Dazu kam noch die negative Vorerfahrung mit dem gescheiterten Ladenprojekt.

Bei Patricia war es das Bauchgefühl, das »Ja, ja, ja!« signalisierte, und der Verstand, der sich zunächst als Bremse erwies.

Möglich ist natürlich auch, sich an ganz konkreten Vorbildern im persönlichen Umfeld zu orientieren. Wahrscheinlich kennen Sie beruflich und auch privat Menschen, die Sie wegen ganz bestimmter Fähigkeiten oder Verhaltensweisen bewundern, vielleicht sogar beneiden.

> **Übung 28: Vorbilder, die Sie stark finden**
> Nehmen Sie sich eine Viertelstunde Zeit und halten Sie Stift und Papier bereit beziehungsweise legen Sie eine neue Datei in Ihrem Computer an. Überlegen Sie dann, welche Menschen heute Vorbilder für Sie sind, und finden Sie Antworten auf die folgenden Fragen:
>
> - Welche Eigenschaften und persönlichen Qualitäten imponieren Ihnen?
> - Über welche Fähigkeiten würden Sie auch gerne verfügen?
> - Welches Verhalten macht bestimmte Menschen anziehend für Sie?
> - Wo sehen Sie Gemeinsamkeiten mit sich selbst, mit Ihren Werten und Überzeugungen?
> - Mit wem würden Sie gerne tauschen und was sind die Gründe dafür?
> - Was hat Ihr Vorbild getan, welchen Weg eingeschlagen, welche Herausforderungen bewältigt, bis er/sie dort angekommen ist? Was alles hat das Vorbild beispielsweise unternommen, um sich als Selbstständiger in seinem Metier einen Namen zu machen oder um zur gefragten IT-Spezialistin zu werden? Oder… oder…?
>
> Holen Sie entsprechende Informationen ein oder fragen Sie Ihr Vorbild selbst nach seinen Erfahrungen.

Vorbilder spielten in meinem Leben immer wieder eine große Rolle. Auch in meiner damaligen Entscheidungssituation, mich zur Mental- und Wellnesstrainerin ausbilden zu lassen, griff ich auf die Erfahrung von Vorbildern zurück – denn ich war mir alles andere als sicher, ob meine Idee sich als tragfähig erweisen würde.

Einerseits lockte mich die Aussicht, viel Neues zu erfahren und das Handwerkszeug zu erlernen, wie man Wissen an andere weitergibt und sie ermutigt, das Beste aus sich selbst und den eigenen Gaben und Fähigkeiten zu machen. Doch andererseits: Machte es wirklich Sinn, neben der Arbeit im Grafikbüro eine Trainerausbildung zu machen? So viel Zeit und Geld zu investieren, um dann vielleicht zu scheitern? Nicht an den Prüfungen, da hatte ich keine Bedenken – aber womöglich später an der fehlenden Nachfrage nach meinem Angebot. Was, wenn nach der aufwendigen Ausbildung die Aufträge ausblieben? Sich das Ganze als Hirngespinst herausstellte? Mental- und auch Wellnesstrainer gab es schließlich schon viele. Mein Bauchgefühl sagte: Mach es! Was du da lernst, ist total spannend, das kannst du vielfältig anwenden! Mein Verstand sagte: Lass es, das ist eine unsichere Angelegenheit. Dabei kann vieles schief gehen und am Ende stehst du schlechter da als jetzt. Schau lieber, dass du als Designerin neue Kunden gewinnst. Trotz aller Bedenken war das Bauchgefühl stärker. Den Ausschlag gab dann die Idee, erfolgreiche Kolleginnen und Kollegen zu befragen. Fast alle waren gerne bereit, mir zu erzählen, welchen Weg sie jeweils gegangen waren, welche Durststrecken sie dabei gemeistert hatten und vor allem: was ihnen dabei geholfen hatte, ihr Vorhaben in die Tat umzusetzen. Das ermutigte mich. Ich sah, dass es nicht einfach werden würde, aber machbar war, sich auf einem hart umkämpften Markt einen Namen zu machen und somit tatsächlich ein zweites Standbein neben dem Grafikdesign zu etablieren.

Ein Vorbild ist dazu da, um zu *er*mutigen, nicht um zu *ent*mutigen. Es ist jemand, der die Ergebnisse erzielt, die wir auch erreichen möchten. Vorbild zu sein bedeutet nicht, »ideal« oder in allen Belangen makellos perfekt zu sein. Interessant dafür, dass wir uns jemanden für ein bestimmtes Vorhaben zum Vorbild nehmen, ist nur der Bereich, in dem unser Vorbild ungewöhnlich gute Ergebnisse vorweisen kann.

Wichtig ist auch, *wie* wir auf das schauen, was der andere erreicht hat. Natürlich hätte ich mir bei meinem Vorhaben, Trainerin und Coach zu werden, auch sagen können, das, was meine zwei berühmten Vorbilder erreicht haben, werde ich doch niemals schaffen, da brauche ich gar nicht erst anzufangen. Mein Ziel war es jedoch nicht, eine Kopie berühmter Kollegen zu werden, sondern von ihren Strategien und Erfahrungen für mein eigenes Vorhaben zu profitieren. Manches erwies sich als wichtig und anwendbar auch für meine Situation, anderes nicht. Und den Weg gehen musste ich ohnehin selbst, so oder so. Denken Sie also, wenn Sie sich an einem Vorbild orientieren, in erster Linie daran, was Sie vom anderen lernen können.

Erweitern Sie Ihr Wissen und Können

Wenn wir unser Ziel und den vorgestellten Weg dahin betrachten und auch die zielführenden Strategien unserer Vorbilder mit einbeziehen, wird klar, dass wir damit nun nicht bereits automatisch alle Fähigkeiten und Mittel zur Verfügung haben, um unser Ziel auch zu erreichen. Vielmehr geht es darum, sich Gedanken zu machen, welche unserer Stärken wir einsetzen und welche wir noch weiter ausbauen müssen, um gut voranzukommen. Oft ist es auch erforderlich, uns neue Kenntnisse und Fähigkeiten anzueignen. Dabei kann es auch passieren, dass sich mit einem Mal das für die Umsetzung unseres Vorhabens Erforderliche wie ein großes Hindernis vor uns aufzutürmen scheint und uns Bedenken kommen, ob unsere Entscheidung tatsächlich gut war.

Hilfreich dafür, den eigenen Traum in die Tat umzusetzen, ist daher nicht nur, darauf zu schauen, wie andere dahingekommen sind, wo sie jetzt stehen. Hilfreich ist auch, sich bewusst zu machen, was Sie selbst in Ihrem Leben schon alles erlernt und bewältigt haben und wie sehr Ihnen das heute von Nutzen ist.

Nichts auf der Welt schwächt uns mehr als der Selbstzweifel. Denn wenn wir damit beginnen, wieder vorrangig auf unsere Defizite zu starren, statt auf unsere starken Seiten zu bauen, entfernen wir uns von unserem Ziel. Das Defizit-Bewusstsein bringt uns nicht weiter. Was uns aber weiterbringt ist das Entwicklungs-Bewusstsein (siehe Seite 45). Veränderungen fallen viel leichter, wenn wir uns auf das konzentrieren, was wir gut können, und darauf, wie wir uns, aufbauend auf unseren persönlichen Stärken, weitere nützliche Kenntnisse und Fähigkeiten aneignen können. Oft sind es schon die kleinen Schritte, die das Vorankommen ermöglichen und auch das Selbstvertrauen weiter stärken.

Für meinen Veränderungsprozess zur Mental- und Wellnesstrainerin bedeutete das damals, in der Wahl meiner Präsentations- und Trainingsmethoden auf das aufzubauen, was meine Stärke war: mein gestalterisches Talent. Beispielsweise, indem ich optisch ansprechende Trainingsskripts und möglichst anschauliche PowerPoint-Präsentationen erstellte. Dazu musste ich zunächst didaktisches und technisches Know-how erwerben, um dann eigene Ideen darstellen zu können. Von der Moderationsmethode hingegen ließ ich die Finger. Sie lag mir nicht, das merkte ich schon sehr bald. Ich empfand sie als anstrengend und zeitraubend. Das sehen einige Kollegen natürlich ganz anders und können hervorragend damit umgehen. Was ich ihnen neidlos gönne. Es ist eben einfach nicht meins.

Setzen Sie also auf das, was Sie gut können, und eignen Sie sich vorrangig die Dinge an, die Ihnen für die Verwirklichung Ihres Ziels tatsächlich von Nutzen sind. Das wachsende Können stärkt Ihre Selbstsicherheit und Ihr Selbstvertrauen. Hingegen demotiviert es, eine Riesenliste von Maßnahmen zur Erweiterung der persönlichen und fachlichen Kompetenz in Händen zu halten. Achten Sie also darauf, dass Sie nicht mehrere anspruchsvolle Dinge gleichzeitig angehen. Beschränken Sie sich auf diejenigen Maßnahmen, die Sie aktuell am meisten voranbringen. Es motiviert uns und hält uns bei der Stange, handfeste, zielführende Maßnahmen zu definieren, wo der Nutzen klar erkennbar ist und wir unsere Fortschritte gut messen können.

Übung 29: Kompetenzen erweitern

Nehmen Sie sich eine Viertelstunde Zeit und legen Sie Papier und Stift bereit beziehungsweise legen Sie eine neue Datei an. Betrachten Sie nun noch einmal Ihre Zielkarte, wo Sie die einzelnen Etappen auf dem Weg zur Verwirklichung Ihres Vorhabens aufgezeichnet haben. Dann betrachten Sie die Liste Ihrer Stärken (S. 47 f.). Finden Sie nun Antworten auf die folgenden Fragen:

- Auf welche Ihrer Stärken können Sie bei Ihrem Vorhaben gut bauen? Wie genau kann Ihnen die jeweilige Stärke nützlich sein? Modifizieren Sie Ihre Aufzeichnungen entsprechend Ihrem jetzigen Kenntnisstand.
- Über welche Kenntnisse, Kompetenzen und Fähigkeiten, die Sie für dieses Ziel einsetzen können, verfügen Sie außerdem?
- Welche Ihrer Stärken können Sie gezielt noch weiter ausbauen, sodass sie Ihnen beim Erreichen Ihres Ziels noch mehr nützen?
- Was fehlt Ihnen noch? Welche Kenntnisse und Fähigkeiten gilt es für das Erreichen Ihres Ziels zu erwerben

und einzusetzen? Vergleichen Sie auch hier Ihre neuen Erkenntnisse mit dem, was Sie sich notiert hatten. Modifizieren Sie Ihre Liste entsprechend und streichen Sie beherzt jene Vorhaben, die für die Erreichung Ihres Ziels nicht oder nur wenig relevant sind.

- Betrachten Sie nun Ihre modifizierte Liste der Stärken. In welcher Reihenfolge wollen Sie sich die noch erforderlichen Kenntnisse und Fähigkeiten aneignen?

Auch hier geht es wieder darum, realistische Zeitfenster zu bestimmen, das heißt, die Zeiträume eher großzügig als zu eng zu bemessen. Stress verhindert, dass wir gelassen bleiben können, Freude an unserer Entwicklung verspüren und auch kleine bewältigte Etappen genießen können.

Lernen, ausprobieren, Erfahrung auswerten, daraus lernen, verbessern und dann erneut ausprobieren, Erfahrung auswerten, daraus lernen, verbessern ... so haben wir schon als Kinder ganz unbewusst neue Kenntnisse und Fähigkeiten erworben. Und auch als Erwachsene sind wir gut beraten, hier Geduld zu zeigen und nicht zu glauben, wir könnten etwas sofort hundertprozentig umsetzen, wenn wir nur gelesen haben, wie es geht. Eines der Geheimnisse von Erfolg ist die Beständigkeit. Wir scheitern meist nicht daran, dass uns das Talent fehlt, sondern weil wir vorschnell aufgeben. Je besser es Ihnen gelingt, Ihre persönlichen Stärken für die Verwirklichung Ihres Ziels einzusetzen, desto höher sind Effektivität und Motivation und desto größer damit auch Ihr persönlicher Erfolg.

Das persönliche Logbuch

Denken Sie an Ihr Ziel und an die einzelnen Etappen, die es zu meistern gilt, bis Sie es realisiert haben. Sie müssen noch nicht im Detail wissen, was Sie während der gesamten Wegstrecke im Einzelnen tun. Das ist schon allein deswegen unmöglich, weil Sie nicht wissen können, was sich »unterwegs« Unvorhergesehenes ereignen wird. Mit Überraschendem, Zufälligem – positiv wie negativ – müssen Sie immer rechnen. Dennoch macht Ihre Zielekarte Sinn. Denn durch sie erkennen Sie die großen Etappen und innerhalb dieser Etappen können Sie dann gezielt einzelne Schritte zur Umsetzung planen. Dabei hilft ein persönliches Logbuch.

Der Begriff »Logbuch« kommt eigentlich aus der Seefahrt. Dort dient es dazu, in chronologischer Form tägliche Ereignisse festzuhalten, ähnlich einem Tagebuch oder einem Protokoll. Bezogen auf Ihr Ziel und den Weg dahin erfüllt ein Logbuch vier verschiedene Aufgaben:

- Konkrete Planung: Sie halten darin fest, was Sie in welchem Zeitraum unternehmen wollen, um Ihrem Ziel näherzukommen. Beispielsweise unterteilen Sie die erste der Etappen auf Ihrem Zielplan in kleinere Teiletappen und Einzelmaßnahmen und formulieren dann die ersten drei kleinen Schritte, die es in dieser Woche zu tun gilt.
- Resümee ziehen: Wenn ein Schritt abgeschlossen ist, halten Sie dies ebenfalls fest – und ziehen am Ende der Woche eine Gesamtbilanz, was umgesetzt werden konnte und was nicht.
- Von Erfahrung profitieren: Hier schreiben Sie nieder, welcher Schritt sich bewährt hat, was Sie konkret weitergebracht hat. Und Sie notieren auch, was untauglich für Ihren Weg zum Ziel war, und überlegen sich, was effektiver und aussichtsreicher sein könnte.

- Erfolge würdigen: Nicht nur jeder erfolgreich durchgeführte Schritt verdient es, von Ihnen gesehen, hervorgehoben und wertgeschätzt zu werden. Auch für jeden Versuch, etwas auf eine neue Art anzugehen, sollten Sie sich loben – auch wenn das Ergebnis nicht den Erwartungen ihres »idealen Selbst« entspricht. Es ist wichtiger, Erfahrungen zu sammeln, als nur dann aktiv zu werden, wenn Sie vorher schon wissen, dass Sie auf Anhieb »alles richtig« machen werden. Mit perfektionistischen Ansprüchen bremsen wir uns häufig völlig unnötig.

Das wichtigste im Veränderungsprozess ist Handeln! Experimentieren, auswerten, neue Möglichkeiten erproben, im Fluss bleiben. Damit Sie nicht ins Stocken geraten und Ihr Logbuch nicht zum Verzeichnis von Plänen und Absichtserklärungen wird, sollten Sie stets die nächsten konkreten Schritte festhalten. Überlegen Sie sich also am Ende der Woche gleich die nächsten zwei, drei Maßnahmen, die Sie in der kommenden Woche angehen wollen. Und auch wenn Sie sich während einer Woche nur kurze Zeit der Realisierung Ihres Ziels widmen können, ist das sinnvoller, als wenn Sie die Umsetzung Ihres Vorhabens aufschieben, bis vermeintlich »bessere Zeiten« kommen. Was müssen Sie also als Nächstes tun, um auf Ihrem Weg weiter voranzukommen? Ein wichtiges Telefonat führen, den Finanzierungsbedarf ermitteln, eine Weiterbildung buchen? Was auch immer es ist: Tragen Sie sich Ihre nächsten Schritte zum Abschluss Ihrer Wochenplanung in Ihr Logbuch für die nächste Woche ein.

Planen Sie Ihre zielführenden Schritte mit Augenmaß. Vermeiden Sie es, sich zu viel auf einmal vorzunehmen, denn dann laufen sie ständig hinter Ihrer Planung her, und das trübt die Freude am Neuen erheblich. Sie empfinden Stress und fühlen sich unzulänglich. Große Ziele in möglichst kleine Schritte zerlegen hilft hingegen: Wer merkt, dass er sich in diesen kleinen Dingen auf sich selbst verlassen kann, stärkt damit sein Selbstvertrauen und traut sich bald auch Größeres zu.

Es gibt viele große Projekte, die durch konsequentes »Dranbleiben« und viele kleine Schritte realisiert werden. Wer beispielsweise ein Buch schreiben will, fängt damit an, jeden Tag zwei Seiten zu schreiben, nur diese beiden – aber eben konsequent Tag für Tag. Wer Kunden für sein neues Business werben will und sich nur eine zielführende Aktivität pro Arbeitstag vornimmt, hat am Ende des Monats 20 Möglichkeiten genutzt und damit seine Chancen erhöht, dass einige davon tatsächlich zu konkreten Geschäftsbeziehungen führen.

Ihr Logbuch unterstützt Sie dabei, die richtige, die »Wohlfühl«-Geschwindigkeit für sich selbst zu finden und auch frühzeitig zu bemerken, ob Ihre geplanten Schritte effektiv sind oder nicht. Wenn Sie bemerken, dass Sie auf dem Weg, so wie Sie ihn sich vorgestellt haben, nicht weiterkommen, dann verändern Sie Ihre Planung. Modifizieren Sie vielleicht Ihre Schritte oder prüfen Sie, ob es nicht effektivere Wege gibt, da hinzukommen, wo Sie hinwollen. Überlegen Sie, wer über die entsprechenden Erfahrungen verfügt, Ihnen hier helfen zu können.

Prüfen Sie dabei auch immer mal wieder, ob tatsächlich alle Schritte zum Ziel unbedingt erforderlich sind oder ob es nicht Wege gibt, es sich leichter zu machen. Nutzen Sie auch dazu die Erfahrungen Ihrer persönlichen Vorbilder.

Übung 30: Legen Sie Ihr Logbuch an
Beschaffen Sie sich ein passendes Buch oder legen Sie eine Datei an – und tragen Sie gleich die ersten Daten zu Ihrem Veränderungsvorhaben ein. Tun Sie das jetzt, machen Sie den konkreten Schritt.

Wie Sie Fehler als Lernschritte werten

Fehler sind ärgerlich. Sie stören den Ablauf, kosten uns Zeit und Nerven, zwingen uns innezuhalten und fordern unsere Aufmerksamkeit. Kein Wunder, dass Fehler so unbeliebt sind. Fühlt es sich doch viel angenehmer an, wenn in einer Situation unser aktuelles Selbst und unser ideales Selbst deckungsgleich sind, oder noch besser: wenn unser aktuelles Selbst die Idealvorstellungen sogar überflügelt hat, wir also unsere kühnsten Erwartungen übertroffen haben. Ganz anders, wenn wir hinter den Ansprüchen an uns selbst kläglich auf der Strecke bleiben. Das deprimiert und stimmt missmutig. Fehler kratzen an unserem Selbstvertrauen und können zudem unangenehme Konsequenzen haben.

Gerade wenn wir etwas Neues in Angriff nehmen, ist natürlich die Gefahr von Fehlern besonders hoch, weil wir keine Erfahrungswerte haben, auf die wir zurückgreifen können. Trotzdem kommt es nicht pauschal darauf an, möglichst wenig zu riskieren, um nur ja keine Fehler zu machen. Denn ein Fehler ist nicht nur ein Rückschlag, er stellt auch eine Chance dar: die Chance, unsere Erfahrungen zu verarbeiten und in Wissen und Kompetenz zu verwandeln und es beim nächsten Mal besser zu machen. Fehler dienen uns als Maßstab, denn wir können nicht erkennen, dass wir etwas richtig machen, ohne zu wissen, was falsch ist. Solange wir aus Fehlern lernen, sind sie keineswegs nur reine Ärgernisse, sondern tragen dazu bei, das Spektrum unserer Erfahrungen zu vergrößern.

Übung 31: Aus Fehlern lernen

Wenn wieder einmal etwas schief gegangen ist, dann betrachten Sie das, was geschehen ist, mit einem gewissen Abstand – so, als seien Sie ein Detektiv und müssten einen Fall aufklären. Statt sich oder anderen Vorwürfe zu machen, stellen Sie sich die nachfolgenden Fragen und notieren sich die Antworten darauf:

- Wie stellt sich die Situation momentan dar? Was genau ist passiert? Rekapitulieren Sie sachlich in zwei bis drei Sätzen, was vorgefallen ist.
- War das, was geschehen ist, überhaupt zu vermeiden?
- Falls ja: *Wie* wäre es zu vermeiden gewesen?
- Wer hatte zu welcher Zeit Einfluss auf die Entwicklung der Situation? Listen Sie bitte alle an der Situation Beteiligten und deren jeweilige Handlungsmöglichkeiten auf.
- Haben Sie selbst oder hat ein anderer Beteiligter Fehler gemacht?
- Falls ja: welche(r) Fehler?
- Und: Geschah dies vorsätzlich, fahrlässig oder unwissentlich?
- Was lernen Sie aus dem, was geschehen ist? Was davon ist eine besonders wertvolle Erkenntnis?
- Was werden Sie künftig anders machen?

Halten Sie Ihre Erkenntnisse und die Schlussfolgerungen daraus anschließend in Ihrem Logbuch fest. Dies unterstützt Sie dabei, sich die Lösungen zu merken, statt sich die Fehler einzuprägen. Wenn Sie sich dann wieder in einer ähnlichen Situation befinden, können Sie auf Ihren Erfahrungs- und Wissensschatz zurückgreifen – und sind nicht dazu verdammt, den gleichen Fehler zu wiederholen.

Die Gründe, warum wir etwas nicht so hinbekommen, wie wir es uns vorgestellt hatten, sind vielfältig. Vielleicht fehlte es an notwendigen Kenntnissen oder Fähigkeiten. Oder wir waren überfordert, weil wir uns einen zu großen Schritt vorgenommen hatten. Womöglich haben wir bei der Suche nach einer guten Lösung einfach zu früh aufgegeben. Oft helfen kleine Veränderungen im eigenen Verhalten, damit wir ein Vorhaben doch noch umsetzen können.

»Das war der Hauptschalter bei mir«, sagt Patricia, »die neue Art, Fehler in der Vergangenheit zu betrachten, und auch, im Hier und Jetzt anders mit Fehlern umzugehen. Das empfand ich als sehr befreiend. Keine weiteren Vorwürfe wegen der Bauchlandung mit dem Laden, sondern der Blick darauf, was ich dadurch alles gelernt habe. Das hat mich gestärkt und zuversichtlich gestimmt. Heute bin ich viel sorgfältiger in dem, was ich plane – und ich nehme mir nicht mehr übel, wenn ich trotz aller Sorgfalt doch mal danebenliege.«

»Ich erkannte es als Fehler, mich in allem, was ich tat und was ich nicht tat, so stark an den Erwartungen anderer zu orientieren. Bloß nichts falsch machen. Ich versuchte auch oft, mir diese Konfliktscheu schönzureden«, meint Julia, »dabei war mir aber schon klar, dass ich vieles, was ich gerne getan hätte, unterließ, um mich keiner Kritik auszusetzen. Daraus habe ich jetzt die Konsequenzen gezogen. Natürlich nicht, indem ich nun mit dem Kopf durch die Wand gehe, sondern ich wäge meine eigenen Wünsche gegen die von anderen ab und strebe Kompromisse an, wo ich früher im Vorfeld klein beigegeben habe. Und Dinge, die mir besonders wichtig sind, fechte ich jetzt auch durch – wie meine neue ehrenamtliche Tätigkeit.«

Systematisch aus Fehlern zu lernen und sich entsprechende Notizen über Erkanntes und daraus Gelerntes zu machen hilft dabei, künftig potenzielle Fehlerquellen schon im Vorfeld besser einschätzen zu können.

Übung 32: Fehlerquellen im Vorfeld erkennen
Nehmen Sie sich wieder eine Viertelstunde Zeit und legen Sie Schreibzeug bereit. Denken Sie an eine Etappe auf dem Weg zu Ihrem Ziel, die Ihnen noch Kopfzerbrechen bereitet. Finden Sie dann Antworten auf die folgenden Fragen:

- Wo könnten hier Schwachstellen oder Hindernisse in meiner Planung sein?
- Hat sich schon jemand an dieser Etappe des Weges oder einem ähnlichen Vorhaben versucht und ist daran gescheitert? Und wenn ja, woran lag es?
- Wer ist mit dem, was ich vorhabe, erfolgreich gewesen? Welche Fehlerquellen hat er dabei vor allem vermieden?

Wenn Sie sich im Vorhinein über mögliche Fehlerquellen klar werden und sich damit lösungsorientiert auseinandersetzen, können Sie besser vorsorgen und darauf reagieren oder bei zu hohem Risiko neue Wege suchen.

Würdigen, was Sie erreicht haben

Je näher Sie Ihrem selbst gesteckten Ziel kommen, desto mehr wächst auch Ihr Selbstvertrauen. Wie groß oder klein die einzelnen Schritte dahin sind, spielt dabei nicht die maßgebliche Rolle. Wichtiger ist das Dranbleiben.

Setzen Sie große wie kleine Schritte um und seien Sie sich dabei bewusst, dass Sie vorankommen, indem Sie Schritt für Schritt in die richtige Richtung gehen. Dadurch steigern Sie Ihre Selbstwirksamkeits-Erwartung – das heißt, Sie stärken die Überzeugung, dass Sie erreichen können, was Sie sich vornehmen, und führen sich vor Augen, dass Ihre Entscheidungen und Ihr praktisches Tun etwas bewirken.

Dies wiederum stärkt generell das Vertrauen in die eigene Kompetenz und Handlungsfähigkeit – auch bei anderen Herausforderungen, die der Alltag mit sich bringt. Wenn Sie erleben, dass Sie Situationen meistern können, in denen Sie sich in früheren Zeiten hilflos und ausgeliefert gefühlt hatten, werden Sie auch künftig mit mehr Zuversicht und Selbstvertrauen an die Lösung potenzieller Schwierigkeiten herangehen.

Legen Sie in Ihrem Logbuch eine Rubrik »Erfolge« an, in der Sie – jeweils mit Datum – alles eintragen, was Sie erfolgreich in die Wege geleitet haben, um Ihrem Ziel näherzukommen. Lesen Sie diese Einträge immer wieder einmal durch und genießen Sie die Freude darüber. Lesen Sie sie besonders dann durch, wenn Sie gerade mal in einer Phase sind, wo Sie den Eindruck haben, dass es nicht so richtig vorangeht.

Meilenstein 7: Kraftquellen und Ressourcen auf dem Weg

Die eigenen Lebensträume erkennen und konkrete Ziele formulieren, eine Entscheidung treffen, eine Vorstellung entwickeln, wie das Vorhaben zu verwirklichen ist, eine Entscheidung treffen und sich auf den Weg machen – dies kostet Energie und gibt uns zugleich Energie. Eine Umorientierung fordert uns als ganze Person und verläuft nicht linear, sondern es gibt Phasen, wo sehr viel passiert, Phasen, die ruhiger verlaufen, und auch solche, wo wir kaum Fortschritte erkennen. Dabei folgt jeder seinem eigenen Rhythmus, der durch die persönliche Biografie und die eigenen Denkmuster und Gewohnheiten mitbestimmt wird. Wichtig ist, sich in diesem Prozess der Veränderung selbst gut zu begleiten. Dieses Kapitel widmet sich dem Umgang mit der persönlichen Energie sowie der Kunst, Erfahrungen ihren Sinn abzugewinnen und Ressourcen für sich zugänglich zu machen. Wir finden Wege, wie wir unsere Energie auf die Menschen konzentrieren, die uns guttun, und wie wir uns gerade in schwierigen Zeiten immer wieder neu motivieren können.

Welche Aktivitäten sind kraftspendend, welche kraftzehrend?

Wir verfügen alle über mehrere und auch ganz unterschiedliche Kraftquellen, aus denen wir unseren Antrieb, unsere Lebensfreude und unsere Tatkraft schöpfen. Und andererseits gibt es körperliche, unbewusst ablaufende Prozesse wie beispielsweise die Verdauung oder die Immunabwehr und die Gehirnarbeit, die besonders energieintensiv ist: denken, planen, kommunizieren, reflektieren, Probleme lösen etc. Ebenso erfordert die Verarbeitung von Gefühlen wie Ärger, Zorn, Groll, Kränkungen und Angst Kraft. Und last, but not least schlucken natürlich auch körperliche Aktivitäten Energie.

Daher sind wir gerade in Zeiten, wo wir viel um die Ohren haben, gut beraten, auf eine ausgeglichene Energiebilanz zu achten und im Alltag für genügend Erholung und Entspannung zu sorgen. Wer dauerhaft mehr Energie verbraucht, als er sich wieder zuführt, gerät in einen Zustand chronischer Erschöpfung.

Übung 33: Energiebalance prüfen

Nehmen Sie sich wieder eine Viertelstunde Zeit und legen Sie Schreibzeug bereit. Teilen Sie ein DIN-A4-Blatt längs in zwei Spalten und übertiteln Sie die linke Spalte mit »Das bringt mir Energie« und die rechte mit »Das kostet mich Energie«. Wenden Sie sich dann der linken Spalte zu und listen Sie alles auf, was Ihrer Erfahrung nach dazu beiträgt, Ihre Batterien wieder aufzuladen. Vergessen Sie dabei auch scheinbare Selbstverständlichkeiten wie Schlafen, Essen oder Bewegung nicht. Auch der Kontakt mit bestimmten Menschen kann uns stärken und bewirken, dass wir uns voller Tatendrang fühlen. Wo und wodurch tanken Sie auf? Schreiben Sie alles auf, was Ihnen einfällt, und lassen Sie Platz frei, um die Spalte in den nächsten Tagen noch um weitere Punkte zu ergänzen.

Wenden Sie sich dann der rechten Spalte zu. Hier notieren Sie all das, wofür Sie Energie aufwenden (müssen) – beruflich wie privat. Berücksichtigen Sie dabei sowohl Dinge, die Sie nur widerstrebend erledigen oder als lästige Pflichten empfinden, als auch Dinge, die Sie gerne tun. Auch Ärger, Frustrationen und Stress kosten Energie, während Freude und »Flow«-Gefühle Energie spenden. Manche Aktivitäten können sich auch in beiden Spalten der Liste wiederfinden, sie können Ihnen Energie spenden und Ihnen gleichzeitig auch Energie abverlangen. Wenn Sie beispielsweise an der Verwirklichung Ihres Ziels arbeiten, fühlen Sie sich beschwingt, weil Sie sehen, wie Sie Schritt für Schritt vorankommen – gleichzeitig kostet es Energie, die einzelnen Schritte zu gehen, beispielsweise einen Antrag auszufüllen, Telefonate zu erledigen, Mails zu schreiben und so weiter. Lassen Sie auch auf der rechten Spalte noch Platz für weitere Einfälle in den nächsten Tagen.

Dann notieren Sie sich Antworten auf diese Fragen:

- Ist Ihre Energiebalance ausgeglichen? Begründen Sie Ihre Einschätzung: Warum?/Warum nicht?
- Was sind Ihre besonders wirksamen Energiebringer? Wodurch fühlen Sie sich besonders entspannt, erholt, inspiriert?

Was gute Erholung bewirkt, ist sehr individuell. Für die eine ist es die Badewanne, für den anderen langer und tiefer Schlaf, für jemand Drittes ein Abend mit Freunden in der Lieblingskneipe oder Kaffee trinken mit der besten Freundin. Kennzeichnen Sie Ihre Favoriten mit einem Sternchen.

Falls Ihre Energiebilanz nicht ausgeglichen ist:

- Wo vermuten Sie die Ursachen dafür? Was ist zu viel? Was kommt zu kurz?
- Gibt es ausgesprochene Energieräuber? Kontakte oder Aktivitäten, für die Sie viel Energie aufwenden müssen, ohne dass Ihnen das Nutzen bringt?
- Wofür wollen Sie künftig weniger Energie investieren? Was können Sie delegieren oder streichen?
- Woher und wie könnten Sie künftig mehr Energie beziehen?

Je ausgeglichener unsere Energiebilanz ist, desto leistungsfähiger sind wir, und das kann uns bei der Verwirklichung langfristiger Vorhaben nur nützen.

Sie müssen nun nicht schlagartig Ihr ganzes Leben umkrempeln. Schon wenn Sie einen einzigen Sie stark beeinträchtigenden Energiefresser aus Ihrem Leben verbannen und im Gegenzug einem starken Energiegeber mehr Raum geben, ändert sich etwas zum Positiven.

Die Kunst, Erfahrungen ihren Sinn abzugewinnen

Bei der Frage des Durchhaltens entscheidet sich, ob aus dem Traum tatsächlich Wirklichkeit wird. Eines der Instrumente, die dabei helfen, Hindernisse zu bewältigen und dabei Ihren Werdegang zu dokumentieren, ist Ihr Logbuch. Langfristig am Ball zu bleiben ist oftmals schwieriger, als wir uns dies am Anfang unseres Weges vorstellen. Unbewusst gehen wir vielleicht davon aus, dass dann, wenn wir erkannt haben, was wir eigentlich wollen, alles wie von selbst gehen würde. Manche Hindernisse, die sich in den Weg stellen, sind schwer zu überwinden, vor allem wegen der damit verbundenen Gefühle. Oder es gibt zeitliche Engpässe – jeder von uns hat ja im Alltag eine Vielfalt an Aufgaben und Verpflichtungen. Vielleicht ereignet sich auch Unvorhergesehenes, Ereignisse, die es zunächst unmöglich machen, das eigene Ziel weiterzuverfolgen: familiäre Probleme, Erkrankungen, besondere Belastungen, existenzielle Sorgen. Doch Entwicklung bedingt nun einmal, dass wir Hindernisse und Schwierigkeiten überwinden lernen, sie nicht als Katastrophen, sondern als ganz normale Begleiterscheinungen unseres Lebens werten. Dabei hilft es, uns das zu vergegenwärtigen, was wir uns für den Worst Case überlegt hatten, als wir unser Ziel auf Herz und Nieren prüften (siehe Seite 108).

Uns mental Lösungen für mögliche Stolpersteine zu überlegen ist mehr als nur Gedankenakrobatik. Eine Auflistung zu erwartender Hindernisse ermöglicht es, Strategien zu entwickeln, wie wir unter Einbeziehung dieser Hindernisse weiterhin zielgerichtet aktiv sein können. Es ist schon viel gewonnen, wenn wir uns von der Vorstellung verabschieden, größere Veränderungsvorhaben seien »von heute auf morgen« möglich. Manches Vorhaben benötigt für seine Umsetzung viele Monate oder nimmt auch Jahre in Anspruch.

Auch Stillstand, Fehler und Rückschritte sind in Veränderungsprozessen die Regel, und nicht die Ausnahme (siehe auch Seite 140).

Je besser es uns gelingt, eine Stagnation oder einen Rückschlag ganz unspektakulär als verzeihlichen oder normalen Ausrutscher zu werten, also als etwas, was zum Veränderungsprozess mit dazugehört, desto eher können wir auch wieder zur »Tagesordnung« übergehen: untersuchen, woran es lag, Wege finden, diese Art Klippe künftig zu umschiffen. Unsere Bewertung des Vorgefallenen entscheidet darüber, ob wir an dem, was sich uns in den Weg gestellt hat, scheitern oder wachsen. Ausrutscher sind nur dann ein »persönliches Versagen«, wenn wir dies so werten. Tatsächlich sind wir frei, sie stattdessen auch als Begleiterscheinungen auf unserem Weg zu sehen und aus ihnen zu lernen.

Wie Sie sich selbst unterstützen können

Wir haben immer die Wahl, ob wir uns ermutigen oder entmutigen wollen, ob wir nett zu uns selbst sind oder kalt und abweisend. Ob wir unser ideales Selbst zum Richter über unser Leben machen oder ihm weniger Macht über unser tägliches Leben geben wollen. Es ist ein Irrglaube, anzunehmen, wir seien dann besonders erfolgreich, wenn wir uns selbst unbarmherzig an die Kandare nehmen. Ganz im Gegenteil: Wir sind es dann, wenn wir es uns erlauben, offen und entspannt zu sein, denn dann haben wir den besten Zugang zu unseren inneren Kraftquellen. Die nachfolgende Übung hilft dabei, die persönliche Energie und Zuversicht zu stärken, gerade auch wenn eine Situation bevorsteht, die anstrengend zu werden verspricht.

Übung 34: Das Unbewusste zum Erfolg hinlenken

Nehmen Sie sich eine Viertelstunde Zeit und sorgen Sie dafür, ungestört zu sein. Setzen oder legen Sie sich so entspannt hin, wie es Ihnen möglich ist, und konzentrieren Sie sich zunächst ganz auf den Atem.

- Beobachten Sie, wie der Atem einströmt und wieder ausströmt. Folgen Sie dem Rhythmus des Einatmens und Ausatmens mit Ihrer Aufmerksamkeit und stellen Sie sich vor, wie Sie sich mit jedem Ausatmen mehr und mehr loslassen können.
- Denken Sie an eine Situation, wo Ihnen etwas richtig gut gelungen ist und Sie sich sehr darüber gefreut haben. Lassen Sie diese Situation ganz deutlich vor Ihrem inneren Auge entstehen. Was sehen Sie? Was hören Sie? Tauchen Sie ganz in die Situation und das damalige Gefühl der Freude ein. Nehmen Sie so viele Details wie möglich wahr.
- Nun bezeichnen Sie diese Situation mit einem Begriff, der für diesen Erfolg und Ihre Freude stehen könnte. Vielleicht ist es auch ein Satz wie: »Ich hab's geschafft« oder: »Ich bin glücklich« oder etwas Ähnliches.
- Beenden Sie dann Ihre Entspannung und kommen Sie langsam ins Hier und Jetzt zurück.
- Wählen Sie nun einen Gegenstand, den Sie mehrmals am Tag berühren, beispielsweise einen Ring, ein Armband oder einen Schlüssel. Berühren Sie diesen Ge-

genstand und denken Sie dabei intensiv an Ihren Begriff/Ihren Satz und das damit verbundene Gefühl von Freude und Stolz.
- Denken Sie nun jedes Mal, wenn Sie den gewählten Gegenstand anfassen, an Ihren Begriff/Ihren Satz und fühlen Sie sich in die damalige Situation hinein, in der Sie einen so erfreulichen Erfolg erlebt hatten.
- Genießen Sie für ein paar Sekunden das Gefühl, das die Erinnerung mit sich bringt – und nicken Sie dann leicht und sagen Sie sich etwas wie: »So ist es« oder: »Ja, genau.«

Selbstbekräftigungen sind ein gutes Mittel, die Zuversicht zu stärken und lähmende Selbstzweifel zu bannen. Die Kraft, Ziele zu erreichen und dabei auch Hindernisse zu überwinden, steckt in uns allen. Je öfter wir sie aktivieren, desto selbstverständlicher wird es, uns unserer inneren Kraft und Stärke bewusst zu sein – gerade auch in Situationen, die unsere Geistesgegenwart erfordern.

Das Mobilisieren unserer starken Seiten lässt sich bewusst durch weitere ermutigende Gedanken ergänzen und unterstützen. Indem wir selbstschwächende Gedanken identifizieren und entkräften, um dann einfache, klare, positiv formulierte und zuversichtliche Sätze an deren Stelle zu setzen, zeigen wir uns selbst auch, dass wir es uns wert sind, gut mit uns umzugehen. Solche bestärkenden Sätze können beispielsweise sein:

- »Ich zeige Mut und bin entschlossen!«
- »Ich entscheide mich und stehe dazu!«
- »Ich pack's an!«
- »Ich bin offen und bereit, dazuzulernen!«

Gehen Sie jeweils kurz in Kontakt mit Ihren Gefühlen, wenn Sie den Satz aussprechen. Spüren Sie Ihren Mut, Ihre

Entschlossenheit! Spüren Sie Ihre Bereitschaft, Verantwortung für Ihre Entscheidung zu übernehmen, Ihre Offenheit, Ihre Lernbereitschaft. Machen Sie Selbstbekräftigung zum Bestandteil Ihres Einstiegs in den Tag. Sprechen Sie Ihren selbststärkenden Satz aus, spüren Sie kurz in sich hinein und nicken Sie sich lächelnd im Spiegel zu.

Wer Ihnen guttut

Die wenigsten Menschen, die ihre Träume verwirklicht haben, haben dies ganz alleine bewerkstelligt. Die allermeisten hatten bei der Umsetzung ihrer Vorhaben Unterstützung durch Menschen in ihrem Umfeld, die sie gefördert und die ihnen den Rücken frei gehalten haben. Unterstützung meint nicht, dass jemand etwas für uns tut, sodass wir selbst »klein« und passiv bleiben können, sondern es geht dabei stets um Hilfe zur Selbsthilfe. Der andere soll nicht unsere Probleme an unserer Stelle lösen, sondern vielmehr mit Fragen, Informationen, Tipps oder Feedback dazu beitragen, dass wir selbst unsere Probleme besser lösen können. Zuhören, Trost, Ermutigung, Aufmunterung – es gibt viele Signale, die uns das wohltuende Gefühl vermitteln können, verstanden zu werden und nicht allein zu sein. Das wichtigste Fundament für einander förderliche Beziehungen bilden Empathie, Ehrlichkeit, Offenheit und Vertrauen.

So ist es das A und O, uns in diesem Sinne die richtigen Verbündeten auszusuchen. Menschen, die ermutigen, statt zu entmutigen, Menschen, die uns signalisieren, dass sie uns etwas zutrauen, und die auch nicht davor zurückschrecken, es uns klar zu sagen, wenn sie den Eindruck haben, dass wir uns in etwas verrannt haben.

Was Freundschaften und gute kollegiale Beziehungen besonders macht, ist, dass wir sie uns – im Gegensatz zu den Familienmitgliedern – selbst aussuchen. Gehen Sie jenen aus dem Weg, von denen Sie in der Regel nur Bedenken, Einwände und destruktive Kritik hören. Suchen Sie eher nach Menschen, die Sie ermutigen und von denen Sie spüren, dass ihnen an Ihnen gelegen ist.

Zu Ihren Verbündeten können gute Freunde oder Kollegen zählen – oder auch ein Mentor, der Ihnen aufgrund seiner reichhaltigen Erfahrung wertvolle Tipps geben kann.

Übung 35: Verbündete finden

Nehmen Sie sich wieder eine Viertelstunde Zeit und halten Sie Schreibsachen bereit. Überlegen Sie dann und notieren Sie schriftlich:

- Nach welchen Gesprächen fühlen Sie sich gestärkt?
- Wer in Ihrer Umgebung findet Ihr Vorhaben spannend oder interessant?
- Wer davon bringt selbst Erfahrung auf diesem Gebiet mit?
- Wen schätzen Sie wegen seines guten Urteilsvermögens?
- Wer hat Sie in der Vergangenheit schon öfter mal auf gute Ideen gebracht?
- Überlegen Sie auch, was von dem, was Sie selbst an persönlichen Stärken mitbringen, wiederum für den anderen von Nutzen sein kann.
- Halten Sie entsprechende Namen fest und nehmen Sie Kontakt auf.

Die Idee der gegenseitigen Unterstützung kann auch in ein Erfolgsteam münden. Hierbei schließen sich mehrere Menschen, von denen jeder ein bestimmtes Vorhaben realisieren will, zu einer Gruppe zusammen. Gemeinsames Bestreben ist es, einander dabei dienlich zu sein, persönliche und berufliche Ziele umzusetzen. Das funktioniert auch als Erfolgsduo.

Ein Beispiel: Ich pflege mit einer Kollegin schon seit Längerem eine gegenseitige Unterstützung, die leicht umzusetzen ist. Jeden Dienstag ruft im Wechsel eine die andere zu einer bestimmten Uhrzeit an und berichtet davon, was aus drei am Dienstag zuvor festgelegten Schritten zu einem Ziel geworden ist. Die andere hört zu, stellt Fragen, gibt Feedback und vielleicht auch einen konkreten Tipp, so sie einen parat hat. Dann berichtet die andere, was aus ihren drei Vorhaben geworden ist, und die Erste hört zu, stellt Fragen, gibt Feedback. Am Ende des Telefonats legen wir beide neue drei Schritte bis zur folgenden Woche fest und wir verabschieden uns.

Eine solche Begleitung auf Gegenseitigkeit ist leicht zu vereinbaren und durchzuhalten, denn sie erfordert wenig Aufwand. Ihre Wirkung auf das Dranbleiben an einem Ziel hingegen ist ganz enorm. Schon indem wir aussprechen, was wir anstreben, gewinnt unser Vorhaben an Verbindlichkeit. Indem wir konkrete Vorhaben benennen, die gut handhabbar sind, sind wir auch motiviert, es zu schaffen, sie umzusetzen – und gewinnen ganz nebenbei allmählich auch einen Blick dafür, was innerhalb einer Woche zu bewegen ist und was nicht. Und letztlich verschafft uns die Veröffentlichung eines Vorhabens auch einen gewissen Druck: Schließlich wollen wir in der Woche darauf nicht gänzlich blank dastehen …

Wie Sie sich immer wieder neu motivieren können

Eine der wichtigsten Erfolgseigenschaften ist das Dranbleiben, das Durchhaltevermögen. Letztlich entscheidet es darüber, ob wir unser Vorhaben umsetzen oder ob es auf der Strecke bleibt. Denn auch wenn wir

- ein verlockendes Ziel formuliert haben,
- uns unserer Stärken gewiss sind und sie gezielt einsetzen,
- auf unserem Weg dahin Schritt für Schritt vorankommen,
- in unserem Logbuch unsere Fortschritte dokumentieren,
- schon etliche Widrigkeiten und Stolpersteine bewältigt haben,
- uns immer wieder selbst bekräftigen und
- uns schon jetzt auf den Tag freuen, wo wir unser Ziel umgesetzt haben werden,

so gibt es doch Phasen, in denen wir an allem und jedem zweifeln, nirgendwo einen Sinn sehen und einfach unzufrieden und schlecht drauf sind. Auch das ist normal. Der Anspruch, immer gut drauf, fröhlich und optimistisch zu sein, ist nicht nur unrealistisch, sondern auch schädlich. Alle unsere Gefühle sind wichtig. Und wenn Sie verdrossen oder verärgert sind, dann hat auch das seinen Platz. Sie müssen auch nicht sofort aktiv werden, um diese trübe Großwetterlage zu verscheuchen. Es gibt einfach diese Tage, an denen wir uns über die Fliege an der Wand ärgern, an denen uns völlig grundlos zum Heulen ist oder wir uns zu nichts aufraffen können. So paradox es klingt: Je mehr Sie sich schlechte Laune, Ärger, Zorn oder Tränen zugestehen, desto eher wird sich die miese Stimmung auch wieder verziehen.

Wenn Sie dagegen ankämpfen, weil Ihr ideales Selbst Ihnen das Klischee eines immer netten, immer gut gelaunten

Menschen als Maß aller Dinge vorhält, wird die schlechte Laune umso länger bleiben, denn dann fühlen Sie sich dazu auch noch unfähig, unerwünschte Gefühle abstellen zu können.

Doch es ist kein Zeichen von Stärke, Gefühle, die wir nicht haben wollen, einfach zu ignorieren. Es treibt nur den Blutdruck in die Höhe. Stark ist, sie sich zuzugestehen und sich gerade in solchen Phasen liebevoll um sich selbst zu kümmern. Dazu gehört:

- sich zu fragen, was der Auslöser für das Gefühl war,
- sich zu erlauben, dieses Gefühl zu haben,
- nach Wegen zu suchen, diesem Gefühl unschädlich für andere einen Ausdruck zu verleihen,
- sich nach den dahinterliegenden Bedürfnissen zu fragen und Wege zu suchen, sie sich zu erfüllen,
- sich Zeit zu geben, wieder innerlich ins Lot zu kommen,
- sich genügend Ruhe, Schlaf und Erholung zu gönnen.

Oft werden wir schlecht gelaunt, bedrückt oder sogar niedergeschlagen, wenn unser Ziel es erfordert, Aufgaben hinter uns zu bringen, die uns nicht liegen oder deren Erledigung uns nervt. Natürlich tun wir lieber Dinge, die Spaß machen oder deren Zweck uns unmittelbar einen Vorteil bringt. Wir wissen zwar auch, dass die ungeliebte Aufgabe irgendwann erledigt sein wird und dass unser Ziel es wert ist, sie durchzuführen: Trotzdem grummelt es in uns und wir murren unleidlich vor uns hin.

Manchmal ist die Ursache für das unterschwellige Unbehagen auch darin zu suchen, dass wir gar nicht genau wissen, was eigentlich von uns erwartet wird. Die Aufgabe erscheint unklar und ebenso der Aufwand, den sie erfordert. Hier helfen einige Fragen weiter, um das, was zu tun ist, besser einschätzen zu können:

- Was konkret benötigen Sie, um diese Aufgabe anzugehen?
- Was genau soll am Ende herauskommen?
- Was genau brauchen Sie alles, um die Aufgabe in diesem Sinne fertigzustellen?
- Was müssen Sie wissen?
- Was müssen Sie können?
- Wie und wo können Sie sich fehlende Informationen beschaffen?
- Wie können Sie sich selbst dabei unterstützen, die Aufgabe zügig vom Tisch zu bekommen?
- Wer sonst kann Sie womit unterstützen?

Während Sie Antworten auf die Fragen finden, klären sich Art und Umfang dessen, was zu tun ist, und Sie können auch besser einschätzen, wann Sie sie erledigt haben werden.

Wir sind gut beraten, uns in Phasen des Widerwillens nicht selbst zu beschimpfen oder hart anzutreiben. Im Gegenteil: Besser ist es, auch das Unangenehme in kleine Etappen aufzuteilen und sich dann nach jedem Absolvieren einer Etappe selbst zu belohnen. Gönnen Sie sich etwas Gutes oder Schönes, wenn Sie eine besonders anspruchsvolle Teilaufgabe erledigt oder ein schwieriges Teilziel erreicht haben. Die Aufgabe selbst wird dadurch zwar nicht schöner, doch Sie haben etwas, worauf Sie sich freuen können. Und natürlich markieren Sie es in Ihrem Logbuch, wenn Sie etwas besonders Unangenehmes erfolgreich in Angriff genommen haben. Dies kann dann wiederum zur Referenzerfahrung für künftige Situationen werden, in denen es darum geht, unangenehme Aufgaben zu bewältigen: »Damals habe ich das geschafft. Also werde ich das jetzt wieder schaffen!«

Um einen langen Atem zu entwickeln, ist es hilfreich, stets mit Ihrem Ziel innerlich in Kontakt zu sein. Das fällt umso leichter, je deutlicher das Bild ist, das Sie sich am Anfang Ihres Weges von Ihrem verwirklichten Vorhaben gemacht hatten. Je mehr Sinne in diese Vorstellung einbezogen sind, desto »realer« erscheint es. Rufen Sie Ihr Zielbild häufig auf und tragen Sie auf Ihrer Zielkarte immer Ihren aktuellen Stand ein. Würdigen Sie das, was Sie erreicht haben. Blättern Sie auch regelmäßig in Ihrem Logbuch und vergegenwärtigen Sie sich Ihre Erfolge.

Ich wünsche Ihnen alles Gute auf Ihrem neuen Weg!

Literatur- und Linkempfehlungen

Bock, Petra:
Die Kunst, seine Berufung zu finden
Fischer Taschenbuch, 3. Aufl. 2010

Knoblauch, Jörg W.; Hüger, Johannes; Mockler, Marcus:
Dem Leben Richtung geben
Heyne Taschenbuch, 2009

Pohle, Rita:
Das Navigationssystem fürs Leben
Ariston Verlag, 2007

Storch, Maja:
Das Geheimnis kluger Entscheidungen
Piper Taschenbuch, 4. Aufl. 2011

Sher, Barbara:
Ich könnte alles tun, wenn ich nur wüsste, was ich will
Deutscher Taschenbuch Verlag, 2011

Stroß, Rudolf:
Die Kunst der Selbstveränderung
Vandenhoeck & Ruprecht, 2008

Zimmermann, Walter:
Mach endlich, was du willst
Campus Verlag, 2. Aufl. 2012

Im Internet:

www.gluecklich-leben-akademie.de
Persönlichkeitsbildung mit den Selbstlernkursen und E-Learning-Angeboten renommierter Coaches und Trainer.

www.zeitzuleben.de
Größtes und vielfältigstes Portal zur Persönlichkeitsentfaltung und zur Gestaltung von Selbstcoaching-Prozessen im deutschsprachigen Raum.

Wegweiser zu den Übungen

Selbsttest Lebenszufriedenheit 22
Übung 1: Bestandsaufnahme im Gespräch mit uns selbst 31
Übung 2: Die Liste der persönlichen Stärken, Teil 1 47
Übung 2: Die Liste der persönlichen Stärken, Teil 2 50
Übung 3: Was tun Sie besonders gerne? 53
Übung 4: Verborgene Stärken entdecken 54
Übung 5: Schwächen identifizieren und bewerten 55
Übung 6: Die persönlichen Top Ten der Stärken 57
Übung 7: Prägenden Ereignissen auf die Spur kommen 62
Übung 8: Lichtblicke wiederentdecken 63
Übung 9: Die guten Aspekte der Entwicklung wertschätzen 64
Übung 10: Imaginärer Rückblick 67
Übung 11: Sätze ergänzen 67
Übung 12: Wenn eine gute Fee vorbeikäme ... 68
Übung 13: Zukunftsreise 69
Übung 14: Mit den Zukunftsideen spielen 71
Übung 15: Indizien für einen kraftvollen Lebenstraum 76
Übung 16: Die »Wohlfühl«-Liste 78
Übung 17: Was bedeutet Erfolg für mich? 85
Übung 18: Überdruss artikulieren 87
Übung 19: Das Bedürfnis ins Positive wenden 88
Übung 20: Zukunftsreise, konkretisiert 97
Übung 21: Das Ziel auf Schwachstellen abklopfen 101
Übung 22: Innere Widerstände ausleuchten 104
Übung 23: Das Worst-Case-Szenario 108
Übung 24: Kartesische Fragen 115
Übung 25: Abschied von alten Geschichten 123
Übung 26: Die persönliche Vereinbarung 125
Übung 27: Die Zielkarte 127
Übung 28: Vorbilder, die Sie stark finden 131
Übung 29: Kompetenzen erweitern 135
Übung 30: Legen Sie Ihr Logbuch an 139
Übung 31: Aus Fehlern lernen 140
Übung 32: Fehlerquellen im Vorfeld erkennen 143
Übung 33: Energiebalance prüfen 146
Übung 34: Das Unbewusste zum Erfolg hinlenken 150
Übung 35: Verbündete finden 153